A RODA GIGANTE DA VIDA

MÁRIO GAZIN

A RODA GIGANTE DA VIDA

por

ELIAS AWAD

ns

São Paulo, 2024

EDITOR: Luiz Vasconcelos
COORDENAÇÃO EDITORIAL: Silvia Segóvia
PREPARAÇÃO: Tássia Carvalho
REVISÃO: Fabrícia Carpinelli
Marsely De Marco
CAPA E PROJETO GRÁFICO: Lumiar Design
IMAGEM DE CAPA: Colaboradores da Gazin
TRANSCRIÇÕES: Marcelo Romano

Texto de acordo com as normas do Novo Acordo Ortográfico da Língua Portuguesa (1990), em vigor desde 1º de janeiro de 2009.

Dados Internacionais de Catalogação na Publicação (CIP)
Angélica Ilacqua CRB-8/7057

Awad, Elias
Mário Gazin : a roda gigante da vida / Elias Awad. - Barueri, SP : Novo Século Editora, 2024.
192 p.: color

Bibliografia
ISBN 978-65-5561-794-8

1. Negócios 2. Empreendedorismo 3. Desenvolvimento profissional 4. Gazin, Mário I. Título

24-1827 CDD 658

Índice para catálogo sistemático:
1. Negócios

Uma marca do Grupo Novo Século

Alameda Araguaia, 2190 – Bloco A – 11º andar – Conjunto 1111
CEP 06455-000 – Alphaville Industrial, Barueri – SP – Brasil
Tel.: (11) 3699-7107 | E-mail: atendimento@gruponovoseculo.com.br
www.gruponovoseculo.com.br

SUMÁRIO

PREFÁCIO

MÁRIO GAZIN, O CONSTRUTOR

QUE HONRA ME DEPARAR com esta obra! Antes, porém, permitam-me contar uma pequena história. Há muitos anos estudo os temas de gestão, empreendedorismo e boas práticas empresariais. Um nome sempre me gerou curiosidade, respeito e admiração. Lia nas revistas *Exame* e *Você S/A* sobre uma empresa (Móveis Gazin) e ficava me perguntando:

1. O que é esse líder, um tal de Mário Gazin ou Seu Mário?
2. Qual é a magia dele e de uma empresa que faz eco lá de Douradina? Aliás, Douradina, é isso mesmo?
3. Como assim: uma empresa listada entre as melhores para se trabalhar é "pé vermelho"? Não pode ser verdade.

Sim, é possível. Meus amigos me falavam do EMG - Estilo Mário de Gestão, da meta escrita na cueca, das bombinhas para provocar e animar o time e da FMG - Família Mário Gazin. "Meus filhos e filhas", não é assim que ele fala? Ah, eu também sabia do bônus para os bons de números. Até andei mandando meu currículo para a firma, mas nunca tive a sorte de encontrar a lenda numa entrevista. Ainda bem, pois, como fã, corria o risco de tremer na base.

Em uma das pós-graduações que realizei, na FGV, ouvi sobre um empresário que estava frequentando o curso como aluno ouvinte e "tocava o terror", no bom sentido: deixava os catedráticos embaraçados, contrariando a teoria. O "velho" ainda fazia perguntas que, com base na prática, não tinham respostas descritas nos livros.

Já a "piazada", aspirante à liderança nas empresas, ficava de queixo caído com as histórias e soluções de um "cara" que vendeu um Jeep para comprar uma pequena lojinha, e estava se dando bem. Lições daquilo que hoje chamamos de "*soft skills*", em forma de pilares importantes:

1. Ética
2. Família
3. Humildade
4. Coragem
5. Ousadia
6. Trabalho
7. Respeito

E as "*hard skills*", então? Ele esbanjava. Foi parar na sala de aula depois de um recado e provocação da equipe e de um mestre acadêmico titulado. Na prática, só disse: "ME AJUDEM A VENDER UM MILHÃO".

Com organização, planejamento, pesquisa e análise de mercado, não é que conseguiu? Tirou de letra o curso e uma meta ousada, que virou mantra e números se multiplicando, que fazem da Gazin uma das maiores redes de varejo do Brasil.

Nem sempre a frase "não sabendo que era impossível, foi lá e fez" faz sentido, pois o impossível não existe para os bons empreendedores brasileiros, como o Mário. Mas é como ouvi: não se trata apenas de sorte, mas da soma de preparo e oportunidade.

E eu?

Continuo ouvindo, me inspirando e usando o belo *case* empresarial VIP (Vindo do Interior do Paraná) para validar minhas aulas, consultorias e palestras. Também me inspirei no líder e na empresa para fazer "*benchmarking*" (copiei mesmo) nos projetos que implantei como executivo de RH e Marketing. Mas nada de encontrar o tal Seu Mário.

Até cheguei perto uma vez, quando ele recebeu meu time e presidente, num dos seus famosos eventos à mesa, em que prefere, como todo bom líder, servir a ser servido. Dizem que é um ótimo cozinheiro, mas, infelizmente, não pude confirmar. Será que minha sorte vai melhorar?

Seguindo o tal de "Seu Mário", aprendi uma de suas grandes características: ser otimista. A sorte se dobra a quem persiste. Eis que, em 2018, fui dar uma aula em Umuarama e o amigo, o professor Dorival Marcos Rodrigues, diretor da Unialfa, me veio com um presente, além da inigualável sardinha na brasa da cidade:

— Professor Nascimento, sei que o senhor gosta muito do Seu Mário. Vamos visitá-lo.

Não preciso explicar aqui minha alegria, mas devo mencionar um detalhe acrescentado pelo Dorival:

— A agenda dele é concorrida e teremos uns 20 minutos.

Como bom de prosa assumido, entendi: preciso ouvir e ser rápido para gravar meu vídeo para o TOP DE GESTÃO. Resumindo: nossa conversa foi para o jardim do escritório e só terminou depois das duas horas mais ricas que tive.

Ele, gentilmente, nos chamou de professores, mas fomos nós que tivemos uma inesquecível e verdadeira aula embaixo das árvores da floresta, em que cada exemplar leva o nome de um colaborador que completou dez anos de empresa. Saí de lá com os melhores episódios do meu canal e um repertório único para as aulas de pós-graduação; além de mais um amigo, pra lá de especial. Enfim minha vez havia chegado.

Depois disso, ele figurou ainda nos meus dois livros e, em *Drones e Dinossauros*, me ajudou a refletir sobre o futuro. "Uma das coisas que aprendi é que não podemos viver do passado. Só trazer de lá experiências, para que nossas empresas, colaboradores e líderes possam antever o futuro e construir o novo. Precisamos de construtores do futuro, sonhadores daquilo que ainda não estamos vendo. Agora, pela minha experiência, posso afirmar: o futuro será sempre muito melhor do que o passado", compartilhou conosco, aos 75 anos, enquanto batalhava e se divertia no parque da vida.

Ao ler *A RODA GIGANTE DA VIDA*, do Elias Awad e do Mário, para fazer este texto, não poderia perder a analogia e, com honra, agradecer o presente do Divino de fazer este prefácio. Com toda certeza, o leitor, diferentemente de mim (que tive de esperar anos para estar com a lenda), vai desfrutar uma jornada gostosa de uma crônica corporativa e, mais ainda, de uma aula do que fazer e não fazer em termos de gestão empresarial. O que dizer de um professor como o Mário, que em 1966 vendeu um Jeep para abrir uma loja e que, simplesmente, construiu um grupo com mais de 350 lojas, 13 mil funcionários? Sim - mais de R$ 9 bilhões de faturamento.

Parabéns, Seu Mário, Elias e time Gazin.

Para você, aproveite tudo e ótima leitura!

José Nascimento
Professor, consultor e mentor
Jornalista e autor de *Mundo 6.0* e *Entre Drones e Dinossauros*
@nascimentotopdegestao

ABERTURA - MÁRIO GAZIN

MINHA FILHA AMADA, meu filho amado. Você que lê este livro é um dos milhares de filhos amados que a vida me deu. Tenho três filhos biológicos, a Valéria, o Adriano e o Marcelo. Mas considero meus filhos amados todos com os quais me relaciono, e os livros são um grande meio para isso, e têm ajudado nas minhas trajetórias pessoal e profissional.

E é claro que não posso esquecer o amor que sinto pela Valéria, o Adriano e o Marcelo, bem como pelos meus netos. Dedico este livro a eles e a todos que tive o privilégio de auxiliar em seus estudos, formações e qualificações, proporcionando-lhes novos estímulos e capacitações para seguirem suas vidas.

Agradeço também ao meu amado pai, Alfredo Gazin, homem analfabeto, agricultor e também taxista, que soube ser o alicerce emocional da família, transmitindo-me valores e guiando-me, assim como os meus irmãos, pelo melhor caminho. Sempre moramos em cidades pequenas, e eu era pobre de educação escolar, mas rico de educação familiar. Meu pai foi um lutador, homem de grande coragem.

O Seu Alfredo estaria orgulhoso de ver que, com a ajuda dos meus irmãos, construímos uma empresa que emprega mais de 13 mil funcionários e fatura, anualmente, em torno de R$ 9 bilhões (**dado de dezembro de 2023*).

Sou também grato aos patrões que tive até abrir a primeira loja Gazin, em dezembro de 1966. Com eles aprendi um modelo de gestão e liderança, que adaptei ao meu modo e estilo. Aliás, esse interesse pelo aprendizado me acompanha até hoje!

Na infância, tive como referências meu avô paterno e meu pai. Entretanto, à medida que o tempo passa, vamos ganhando independência e aprendemos com a vida – tanto com nossos erros quanto com nossos acertos, e com as situações que vivenciamos e como reagimos diante delas.

Passamos a viver em um mundo real, cercado de amor e ódio, armadilhas e oportunidades, caminhos seguros e atalhos... e precisamos passar por tudo isso seguindo os nossos valores, sem cair em tentação e mantendo-nos íntegros.

A experiência e a vivência precisam ser valorizadas, pois, como um GPS, elas nos levam com segurança aonde queremos chegar.

Sabe o motivo que me despertou a escrever este livro? A resposta é: compartilhar com você, leitor, as experiências que vivi e a jornada incessante em busca de aprendizado e coragem para realizar algumas mudanças na minha vida. E quem quer construir algo marcante precisa realmente sair da zona de conforto.

Assisti a um filme que me marcou bastante e com cujos personagens principais me identifiquei: "Lições para toda a vida", estrelado por Kyra Sedgwick, Michael Caine, Robert Duvall e Haley Joel Osment, entre outros. É a história de um jovem tímido, que passa o verão na fazenda de dois tios, irmãos da mãe, que ele mal conhecia. Ambos têm um passado misterioso, que o rapaz desvenda aos poucos, aproximando-se, assim, cada vez mais dos tios. Cria-se então um vínculo afetivo e eles adotam o sobrinho, que se torna um valioso aliado nos negócios. A parceria dá tão certo que até um avião eles conseguem comprar.

Identifiquei-me com os tios do filme porque, assim como eles, lutei muito para conquistar algo na vida e sei muito bem o quanto é difícil enfrentar as intempéries do dia a dia.

Certa vez, enquanto estava na estrada, avistei um parque de diversões com uma roda gigante. Segui viagem, mas fiquei pensativo: "Nossa vida é como a roda gigante. De repente, está parada... depois começa a girar... e inicia o trajeto da subida... e então chegamos no topo!".

Seria tão bom se pudéssemos permanecer lá no alto... mas a roda continua a girar... e inevitavelmente começamos a descer, descer... até que retornamos ao ponto de parada.

Então a roda gigante volta a girar...

A roda gigante representa a roda da nossa vida e, de alguma forma, também das empresas! Uma hora estamos parados e, por mais que tentemos, não conseguimos movimentar as situações, seja na vida pessoal ou nos negócios.

E, de repente, tudo começa a fluir, a se movimentar, e passamos então a ter sucesso, crescimento e a subir na roda da vida.

No entanto, quando parecemos ser imbatíveis, a roda gigante segue em movimento e nos leva para baixo, as coisas começam a não dar tão certo ou mesmo a acontecer em velocidade e intensidade diferentes da que gostaríamos. Essa é a hora de provocar a virada, ser resiliente, otimista, estudar e conhecer conceitos.

Uma mescla de emoções e sentimentos diversos que traz confiança, segurança, medo, indecisão... e a roda jamais retrocede e nunca para de girar! E quanto mais ela gira, mais nos transformamos.

Sob outro olhar e contexto, assim é a vida. Entramos na roda gigante no momento de nosso nascimento. E, à medida que subimos, estamos vivendo na infância, na pré-adolescência, na adolescência, na fase adulta. Quando chegamos ao topo, geralmente entre os 40 e 50 anos, acredita-se que este seja o auge da nossa existência. Então a roda começa a descer, marcando tempos de consolidação: 50 anos, 60 anos, 70 anos... O momento de saltar da roda gigante se aproxima, aos 80 anos para alguns, aos 90 anos para um grupo menor... e apenas algumas raridades alcançam os 100 anos ou mais!

Quanto mais a roda gigante sobe, mais a condição física melhora e ajuda... quanto mais a roda gigante desce, mais a condição física atrapalha.

Mas tenha a certeza de que, quanto maior a roda gigante com a qual viveremos todas essas sensações e emoções, mais intensas elas serão.

E saiba que quem define o tamanho da roda e da intensidade de tudo que ela causa somos nós mesmos.

Roda gigante pequena, emoções pequenas... Roda gigante enorme, emoções enormes.

Estou com 75 anos e você é meu convidado para entrar nessa roda gigante, neste livro, e viver e reviver comigo muitas emoções!

Mário Gazin
Fundador do Grupo Gazin

ABERTURA - ELIAS AWAD

QUERO AQUI REGISTRAR minha honra e alegria em poder escrever, compartilhar e eternizar mais uma parte do legado do empresário Mário Gazin. O "Seu Mário," para alguns, "pai Mário", para outros... ou simplesmente "Mário"!.

Decidi escrever este livro em primeira pessoa para expressar, pela fala do senhor Mário Gazin, alguns dos conceitos e valores que ele e suas empresas praticam.

A primeira obra que escrevi foi a biografia dele, a qual caminha para a terceira edição: ***Mário Gazin – A história do menino pobre que mudou uma região e fundou uma das principais redes de varejo do Brasil***. Depois, após estudar o tema de sucessão de empresas familiares, e o *case* da Gazin, lancei ***Sucessão, decisiva e necessária***. Na sequência, surgiu a obra ***Cultura Organizacional Gazin***, igualmente apresentando o Grupo Gazin como tema e base de um composto de ações, conceitos, reinvenções e redirecionamentos que solidificam e criam musculatura para uma das gigantes do varejo do país.

Aqueles que conhecem e convivem com Mário Gazin, cultivam por ele grande respeito, admiração, carinho e idolatria. Posso garantir que não há nenhum excesso nisso.

Estar com Mário Gazin é uma aula de rico e nobre aprendizado e um grande presente Divino. Um homem e empresário que cultiva valores, respeito ao próximo e desenvolveu um modelo de gestão exemplar para sua empresa, o Grupo Gazin – que particularmente considero a organização mais bem preparada, administrada e sólida no setor varejista do Brasil. E, novamente, garanto que não há nenhum excesso nisso.

Os conceitos praticados pela Gazin representam uma lição de gestão de empresa, de gestão de pessoas, de humanismo, de engajamento, de consolidação de resultados, de família... Confesso que, mesmo tendo biografado e entrevistado alguns dos principais empreendedores brasileiros, escrevo meu 39º livro, conhecido suas organizações, dificilmente encontrei nas equipes profissionais um nível de comprometimento e amor pela empresa como vivenciei na Gazin. Um sentimento familiar; um sentimento de dono!

Costumo dizer que os colaboradores do Grupo, ou funcionários, como gosta de chamar o empresário Mário Gazin (numa alusão ao fato de que eles realmente funcionam, em vez de "simplesmente" colaborarem), trabalham não para a Gazin, e sim pela Gazin! E, quando o senhor Mário estava à frente das ações executivas da empresa, eles trabalhavam não para o senhor Mário, ou pai Mário, como gostam de chamá-lo, e sim pelo senhor - ou pai - Mário!

A Gazin era uma loja... que virou uma rede... que se transformou num conglomerado de empresas com vasto campo de atuação... e que continua a se reinventar e caminha para alcançar um ciclo centenário em 2066.

E, acreditem, 2066 está logo aí!

Boa leitura!

Elias Awad
Escritor, biógrafo e palestrante

CAPÍTULO 1

INTELIGÊNCIA É A PALAVRA DE ORDEM

Um pouco da minha história e essência de vida

GOSTARIA, ANTES DE ENTRAR nas abordagens de alguns temas, de falar um pouco sobre mim. Nesta análise rasa que vou realizar, a finalidade é elencar de forma simplificada os meus comportamentos e escolhas no decorrer de minha história, abordando também minha infância e a relação com meus pais. Acredito que toda essa relação de convivência, de erros e acertos, foram construindo a pessoa que sou hoje.

Eu nasci na década de 1950, considerada pelos grandes historiadores uma época de transição, pós-Segunda Guerra Mundial, e também conhecida como "Anos Dourados". Havia boa parte da população brasileira concentrada na área rural, vivendo de forma simples.

O contexto político é marcado por fortes acontecimentos, entre eles: a Guerra Fria, período de tensão política e ideológica entre os Estados Unidos e a União Soviética, com seus respectivos aliados, que perdurou de 1947 a 1991, quando houve a dissolução da União Soviética; o suicídio do Presidente Getúlio Vargas em 1954; o governo do presidente Juscelino Kubitschek, entre janeiro de 1956 e janeiro de 1961, e seu plano de crescimento desenvolvimentista, cujo *slogan* era: "50 anos em 5". Essa foi uma época caracterizada pelo dinamismo rigoroso na educação dos filhos e no trabalho na roça, em que a figura masculina fica caracterizada como a do mandatário provedor de toda a família.

Para entender a Inteligência Emocional (IE) de uma pessoa, tema que abordarei adiante, é importante analisar todo o contexto no qual ela viveu. Os fundamentos da construção da IE de um ser humano são afetados pelo meio no qual ele vive, considerando as relações construídas no decorrer de sua vida, como contexto familiar, comunitário, social, econômico, espiritual etc.

Toda pessoa sofre transformações provocadas pelas experiências acumuladas no decorrer de sua história, sejam positivas ou não. E, dessa forma, constrói-se seu mapa mental.

Deus criou o ser humano e lhe deu o livre-arbítrio para realizar suas escolhas. Sendo assim, a pessoa tem condições de absorver ou excluir as vivências que, de alguma forma, marcam sua vida. Tudo isso faz parte da complexidade da nossa existência.

Vamos refletir como o contexto familiar contribuiu para a estruturação do meu mapa mental e a formação de minha personalidade.

Ao relembrar dos traços de personalidade da minha mãe, Laurinda Gazin, vejo que ela veio de uma família conservadora e com alguns princípios tradicionais. A cultura da época entendia

Toda pessoa sofre transformações provocadas pelas experiências acumuladas no decorrer de sua história, sejam positivas ou não.

que a divisão da herança e dos bens familiares ocorria somente entre os homens. Minha mãe nunca concordou com esse princípio, e a relação dela com o pai sempre foi tensa.

Meus pais, Laurinda e Alfredo, eram analfabetos e trabalharam e lutaram bastante para criar e educar os filhos. Eu me recordo de um dia em que minha mãe foi levar comida para nós na roça. Eram três marmitas e em cada uma delas havia somente um pedaço de frango. Fiquei pensativo e perguntei ao meu pai: "Lá em casa plantamos legumes e verduras, e criamos frangos. Então por que a mãe manda somente um pedaço de frango na nossa refeição?". E ele respondeu: "Filho, se um de vocês ficar doente, vendemos os frangos para comprar remédio". Explicado, então, o motivo da economia.

Como você percebeu, o maior temor dos meus pais era a possibilidade de alguém da família ficar doente, pois, naquela época, tudo se mostrava de difícil solução. Confesso que, guardadas as devidas proporções, carrego igualmente essa preocupação comigo.

Não vivi a experiência do amor, da forma como acontece hoje; carinho, mimos e afeto não existiam. Assim foi a construção do nosso modelo familiar, com amor silencioso e muito respeito; os vizinhos tinham condições similares, passavam pelas mesmas dificuldades.

Tanto meu pai quanto minha mãe eram muito nervosos e eu sei que carrego um pouco do modelo de cada um deles. Defendo a ideia de que, para quem é nervoso tem remédio, mas para quem é ruim não há remédio que resolva. Trago de minha mãe os traços de personalidade e de liderança e, do meu pai, a facilidade de saber negociar mercadorias e as situações do cotidiano.

Sempre trabalhei muito, algo que amo fazer, mas todos os dias procurava jantar com a família que constituí: minha esposa Cecília e os meus filhos Valéria, Adriano e Marcelo. E, logo depois que eles dormiam, eu voltava a trabalhar.

Meu avô paterno, José Gazin, era um homem santo, dono de uma bondade incrível e que muito se assemelha ao meu irmão Jair, que igualmente tem um coração grandioso e caridoso. Tive uma relação muito forte com o meu avô e, assim como ele, procuro viver em paz com as pessoas e comigo mesmo.

Claro que a nossa formação básica se dá com os modelos de heróis e de personalidade que cultivamos na família, além das transformações que a vivência e os relacionamentos nos causam.

A vida religiosa, as orações e o convívio na Igreja, ajudaram a moldar o meu modelo de conduta. Certo dia, quando era adolescente, levei uma grande surra do meu pai e fiquei muito triste e decepcionado. Ele e eu sairíamos pela estrada com o nosso caminhão carregado de mercadorias.

Antes de partir, ele decidiu descansar um pouco e me pediu para dar um "nó carioca" na carga. Enquanto Seu Alfredo dormia, tentei de todas as formas amarrar os produtos, mas não consegui.

Logo que meu pai acordou e viu que eu ainda não tinha feito o serviço, me deu essa surra. Foi a maior dor que senti na vida, mas também a maior lição. Com ela aprendi que: *missão dada tem que ser missão cumprida*!

A psicologia, certamente, desempenha um papel crucial na compreensão da repetição de emoções e transformações em nossas vidas, ajudando a explicar as experiências que vivemos e suas influências em nossos caminhos.

SUCESSO *VERSUS* VALOR

Sei que as pessoas gostam de associar o sucesso àqueles que, de alguma forma, e espero que por caminhos éticos e lícitos, têm êxito no que fazem: médicos, empresários, executivos, engenheiros, comerciantes, costureiros, psicólogos, *chefs* de cozinha... advogados!

Advogados... Deixei essa atividade profissional por último porque, estranhamente, eu não apreciava a profissão de advogado. Mas aprendi a respeitá-la e a entendê-la, pois tudo que fazemos nas empresas precisa ter respaldo advocatício e jurídico.

Aproveitando, comentarei um pouco sobre a política. Em 1960, eu era muito jovem e acompanhei meu pai nas eleições em que Jânio Quadros foi eleito presidente. Lembro-me de estarmos voltando de carroça e perguntei a ele: "O que é eleição?". E a resposta foi: "Filho, eleição é a esperança de que as coisas vão melhorar... mas nunca melhoram".

Essa é a pura verdade! Quem melhora a situação de um povo, de um país, somos nós mesmos. Até tenho um quadro na minha sala com os seguintes dizeres: "Não há nada que o governo possa lhe dar que já não tenha tirado de você".

Na Gazin, pagamos uma fortuna de impostos e ficamos felizes com isso, pois significa que trabalhamos com bons resultados e

Missão dada é
missão cumprida!

que ficaremos com uma parte desse "bolo" para podermos crescer, empregar mais gente e fazer girar a economia.

Sei que muitos têm suas reservas em relação aos políticos, mas não vamos nos esquecer de que, para ser vereador, prefeito, deputado estadual ou federal, e presidente da República, eles precisam passar pelo processo eletivo. E quem vota neles e os elege? Nós mesmos!

Então, muita atenção ao votar nas próximas eleições e preocupe-se em conhecer a história do seu candidato antes de ajudar a elegê-lo.

Aliás, muitos cometem um equívoco e imaginam que a eleição para presidente é a mais importante. Nada disso! A mais significativa é a que elege prefeitos e vereadores. Explico: as eleições municipais definem os gestores de onde você mora e que cuidarão de você, da sua família e da sua cidade por quatro ou oito anos. Essa é, realmente, a eleição mais importante para o país, até porque os prefeitos e vereadores serão os cabos eleitorais que trabalharão em prol das eleições para deputados, governadores e presidente.

Bem, mas voltemos ao tema. O sucesso é frágil, não cria "musculatura". Digo isso porque você até pode ganhar dinheiro, prestígio e status com uma sequência de ações e negócios realizados, mas isso não significa que tudo aquilo é sustentável.

Em contrapartida, quem tem valor e, automaticamente, é valorizado pelo que representa e faz, possui maiores e melhores condições de criar raízes e fincar bases sólidas. É como uma árvore: se não cuidarmos e tratarmos da raiz, na qual estão os componentes que dão vida e longevidade para a árvore, não haverá galhos, folhas, frutos, beleza... não haverá natureza!

Mudar causa dor e desconforto,
mas os resultados são fantásticos!
Não tema mudar, mas sim
evitar as mudanças!

Para explanar ainda melhor essa ideia, usarei como exemplo uma garrafa de água mineral da mesma marca. Se você comprá-la no supermercado, vai custar aproximadamente R$ 2,00. Mas, se estiver na praia, curtindo o sol e o mar, o preço será pelo menos o dobro, talvez uns R$ 4,00 ou R$ 5,00. Já no conforto, ar-condicionado, segurança e belas vitrines de um Shopping Center, pagará mais de três vezes o valor dos supermercados. E no aeroporto, ambiente qualificado, diferenciado, cercado de pessoas que estão prestes a viajar, pode se preparar para desembolsar de quatro a cinco vezes o valor inicial.

Ou seja, quanto mais você tem a oferecer, mais valorizado será. Esse valor é composto de conhecimento, espiritualidade, estratégia, relacionamento, humanismo, vivência, ética...

Então, se você se sente uma garrafa de água de baixo preço, invista em você, melhore a "embalagem e o conteúdo do produto" e coloque-se em ambientes e vitrines mais valorizados. Provoque mudanças em sua vida!

Mudar causa dor e desconforto, mas os resultados são fantásticos! Não tema mudar, mas sim evitar as mudanças.

Não há aqui nenhum menosprezo às gôndolas de supermercados, que vendem o produto a esse preço devido à sua alta escala, nem aos guerreiros ambulantes que comercializam água na praia. Certamente, você entendeu o contexto aqui apresentado.

Portanto, em vez de desenvolver um preço para o que você faz, crie valor!

OS BÔNUS E OS ÔNUS DE EMPREENDER

Empreender! Muitos institutos de pesquisas nos apresentam em números que o povo brasileiro tem veia empreendedora em sua essência.

Estudos do Monitor Global de Empreendedorismo, realizados pelo Sebrae (Serviço Brasileiro de Apoio às Micro e Pequenas Empresas) e pela Anegepe (Associação Nacional de Estudos em Empreendedorismo e Gestão de Pequenas Empresas), mostram que, em 2022, em torno de 70% da população brasileira adulta, de 18 a 64 anos, estava envolvida com empreendedorismo. Havia 51 milhões de potenciais empreendedores que objetivavam ter o próprio negócio em três anos, enquanto 42 milhões de pessoas já mantinham atividade empreendedora.

A pesquisa analisou ainda 49 países, como Estados Unidos, França, China, Reino Unido, Japão, África do Sul, Chile, entre outros. O Brasil se posicionou na 2ª maior taxa de potenciais empreendedores, ficando atrás apenas do Panamá.

Pela pesquisa realizada pela Global Entrepreneurship Monitor (GEM) em 2022, ter o próprio negócio voltou a ser o segundo maior sonho do brasileiro e seis a cada dez pessoas querem empreender no país.

No entanto, antes de empreender, é preciso conhecer a real representatividade de se ter um negócio, bem como as responsabilidades que acompanham tal iniciativa.

Nada que se planeja alcançar na vida é fácil e, certamente, exigirá enorme entrega de todos nós.

Empreender requer muitos sacrifícios, como o ato de saber renunciar. Férias, 13º salário, 5º dia útil, 44 horas semanais de trabalho... nada disso faz parte dos direitos dos empreendedores. Na verdade, a eles restam mais deveres do que direitos.

Dever de ser o primeiro a chegar e o último a sair, ser o exemplo para os funcionários, ter olhos de águia, com visão clara, aguçada e perspicaz, fechar gargalos e desperdícios, saber lidar com as perdas e multiplicar os ganhos, ter a capacidade de escolher pessoas e a noção do real valor do dinheiro... é necessário ser diferente e ter a capacidade de dizer não e liderar de forma inspiradora.

Tenho algumas fazendas no Mato Grosso do Sul, e uma delas é em sociedade com Osmar Della Valentina, alto executivo do Grupo Gazin por muitos anos. Costumo passar um bom tempo lá a trabalho e é comum ouvir do nosso pessoal: "Poxa, Seu Mário, eu não observei aquela situação que o senhor conseguiu perceber". Meus funcionários podem até entender mais de fazenda do que eu, mas não têm olhar de empreendedor, de dono.

Aliás, o Osmar é um dos grandes nomes da história da Gazin. Antes de ser nosso presidente-executivo e de apresentar excelentes resultados, diminuindo a nossa dívida para 50% e dobrando o faturamento em quatro anos e meio, ele aceitou o desafio de gerenciar o atacado que montamos em meados da década de 1990.

Tomei a iniciativa, porque precisávamos aumentar o faturamento da companhia. Existem diversas estratégias para alcançar esse objetivo: conquistando novos clientes, elevando o ticket médio de compra, criando maior recorrência para a aquisição de produtos, ou abrindo novas frentes de negócios. Optamos por essa

Empreender requer de nós muitos sacrifícios, como o ato de saber renunciar.

última abordagem ao lançar a empresa Gazin Atacado, embora já trabalhássemos também com as outras alternativas.

Eu já havia convidado os nossos melhores gerentes para assumir a missão, mas todos refugaram. Era realmente um enorme desafio, pois é muito difícil uma empresa de varejo se dar bem com atacado. Outras redes inclusive tentaram, mas não obtiveram sucesso.

Pois o Osmar, que era também meu compadre, aceitou o convite, saiu do banco em que trabalhava e começamos a empresa com apenas duas linhas telefônicas, pois eram caríssimas. Para se ter a dimensão, vendi uma loja para comprar uma das linhas telefônicas, que custava uma verdadeira fortuna. E nós sequer tínhamos transportadora própria para as entregas.

Resumindo, a Gazin Atacado se tornou um grande sucesso e o excelente desempenho levou o Osmar a assumir a presidência-executiva do Grupo.

Hoje em dia, certas posturas por parte dos jovens me preocupam. Observo que muitos deles querem viver no conforto, mas sem assumir compromissos, e preferem se manter sob os cuidados dos pais e do país, do governo. Isso é um grande equívoco! Seria como se a roda gigante deles estivesse estagnada num determinado ponto da subida. Eles estão na fase mais intensa da vida, na qual o somatório de aprendizados será decisivo para definir os rumos no futuro.

A vida me ensinou que empreender é saber administrar problemas e vencer desafios. E, quanto maiores eles são, mais forte você fica e mais progresso alcança. Com as soluções encontradas, as quais precisam ser assertivas, o resultado é bastante satisfatório em todos os sentidos, inclusive financeiro. Sobra bastante "caldo da cana", e não apenas o "bagaço".

O empreendedor precisa ainda fazer renúncias, muitas delas pessoais, se quiser vencer com a empresa ou carreira. É um caminho tortuoso, repleto de burocracia – termo inclusive usado no mundo corporativo –, pois emperra a velocidade e a intensidade com que as ações poderiam acontecer. É como uma teia de aranha que o prende e da qual você não consegue se soltar.

Aqueles que têm o dom de empreender com o próprio dinheiro, ou, como eu gosto de dizer, "mexer o doce", encontram no caminho empresarial uma grande oportunidade. Por outro lado, quem se sente mais confortável empreendendo com o dinheiro alheio, segue a trilha do emprego e da carreira executiva.

Nós, da Gazin, valorizamos muito nossos funcionários. Até 2008, quando a situação do mercado se complicava, fazíamos algumas demissões, para enxugar a folha de pagamento. Mas mudamos radicalmente essa postura que, infelizmente, faz parte do mundo dos negócios.

A economia é como uma roda gigante, com altos e baixos. Inclusive, nesse mesmo período de 2008 para 2009, quando estourou a bolha no setor de financiamentos imobiliários nos Estados Unidos, provocando a quebra do Banco Lehman Brothers, o presidente do Brasil na época, Luiz Inácio Lula da Silva, declarou: "Crise é tsunami nos EUA e, se chegar ao Brasil, será 'marolinha'". E, realmente, tivemos alguns respingos por aqui.

Ainda na segunda metade dos anos 2000, uma grande crise no agronegócio atingiu o país, em especial a região Sul, causada pela seca, o que ocasionou a queda dos preços das sacas de soja, milho, arroz, entre outros. Além disso, as medidas do Ibama e de órgãos florestais sobre os madeireiros em Rondônia agravaram ainda mais o cenário.

Tudo isso complicou muito a situação da Gazin naquele período, com uma drástica redução no faturamento. Eu andava bastante nas lojas e no escritório e depósito, e percebia que a cada crise econômica nossos funcionários ficavam cabisbaixos e tensos, e na "rádio-corredor", como chamamos as conversas reservadas entre eles no ambiente de trabalho, se ouvia: "Será que eu serei o próximo a ser demitido?".

Havia tristeza e insegurança pela empresa. Isso me incomodou a tal ponto que, em 2008, fui ao cartório do município de Douradina e registrei um documento por meio do qual eu me comprometia a não demitir mais nenhum funcionário por motivo de crise.

Por isso, de 2008 para cá, nossa política não permite realizar demissões, muito menos em massa, comandadas pela baixa econômica do país. De lá para cá, houve crises e momentos de aquecimento na economia, e, em vez de demitir, nós aumentamos nosso quadro de funcionários.

Claro, um ou outro profissional pede demissão, e as trocas decorrentes de capacidade, problemas éticos ou adaptação à empresa são realizadas, mas não por demandas econômicas. Isso é uma questão de responsabilidade social!

A vida me ensinou que empreender é saber administrar problemas e vencer desafios.

Tenho por hábito conversar com as pessoas, ouvir a opinião delas antes de tomar as decisões. Assim, você se inteira da realidade dos fatos e poderá escolher as melhores resoluções. Mas não pense que todas elas serão acertadas. Algumas podem ser equivocadas, mas aquilo que muitos chamam de ter sucesso na carreira representa acertar muito mais do que errar.

As opiniões, orientações e consultorias das pessoas foram fundamentais quando fizemos a transição de empresa Ltda. (Empresas de Responsabilidade Limitada) para S.A. (Sociedade Anônima). Quem opta por esse caminho, precisa estar ciente de todas as transformações e responsabilidades que a iniciativa acarreta, tanto interna quanto externamente.

A organização passa a se mostrar e adquire maior representatividade no mercado, tendo governança corporativa definida, e seu potencial é medido pela capacidade de crédito.

Cito aqui a frase de Clive Staples Lewis, mais conhecido como C. S. Lewis, professor, escritor e teólogo irlandês: "Dificuldades preparam pessoas comuns para destinos extraordinários".

Sou de uma geração com "casca grossa", que sabia suportar as pancadas da vida e não se deixava abater. Espero que os jovens de hoje consigam ter a mesma coragem e força interior e emocional, pois o país está nas mãos deles; esse grupo vai liderar o futuro.

A juventude de hoje tem muito mais acesso aos estudos do que a minha geração teve. Sou um entusiasta do ensino e acredito na importância da educação. As portas das salas de aulas e do conhecimento estão sempre abertas para receber quem quer aprender em todos os níveis!

Sou de uma geração com
"casca grossa", que sabia suportar
as pancadas da vida e não se
deixava abater.

Criamos até a UniGazin, Universidade Corporativa, com cursos ministrados por professores titulados e ligados às principais instituições de ensino. A ideia nasceu da Armelinda Michelan, uma ex-funcionária nossa, além do incentivo do senhor Shunji Nishimura, fundador da Jacto, fabricante de produtos de alta tecnologia e soluções inovadoras para a agricultura, o qual já havia constituído uma escola técnica na empresa. O senhor Nishimura sempre me dizia: "Precisamos criar uma escola para ensinar os filhos dos pobres, porque os dos ricos vão estudar em boas escolas".

Quem tem um diploma, metaforicamente, abre a porta pela "maçaneta" e não precisa "meter o pé e derrubá-la". Eu não tive oportunidade de estudar quando jovem e, por isso, precisei ser corajoso e perseverante para criar um negócio, aprender os conceitos e puxar uma porção de gente que acreditou no meu propósito.

Outro ponto importante é que os erros fazem parte da nossa trajetória e deixam grandes lições, em especial, quando causam prejuízo, pois isso dói no bolso.

Aqui fica um alerta importante: todos nós cometemos erros e continuaremos a fazê-los, embora em uma proporção menor em relação aos acertos. No entanto, não podemos repetir os mesmos erros. Quando isso acontecer, que sejam novos erros, para aprendermos com eles. Como diz o antigo ditado: "Errar é humano, persistir no erro é burrice!".

Quero ainda alertá-lo para que não se engane ao ir em busca de encontrar culpados para os seus erros. Quando alcançar o sucesso contando com a parceria e a colaboração das pessoas, uma parte do mérito será sua e o restante deve ser dividido com a equipe. No entanto, essa linha de raciocínio não se aplica nos casos de insucesso. Neles, a responsabilidade é inteiramente sua. Não é do vizinho, do concorrente, do fornecedor, do governo, da economia... é sua!

Ou seja, de cada um de nós que está à frente da ação. Portanto, seja humilde, reconheça e aprenda com seus erros. Errar faz parte do processo de aprendizado. Inclusive, o erro pode levar a um redirecionamento para o seu negócio ou carreira, ou dele pode surgir uma oportunidade que você nem havia imaginado.

Gosto muito de uma frase de Bill Gates: "É bom comemorar o sucesso, mas é mais importante prestar atenção às lições do fracasso".

INTELIGÊNCIA EMOCIONAL

Quando se fala de liderança, sobre ser líder, precisamos trazer para a avaliação um tema de vital importância: a Inteligência Emocional (IE) ou Emotional Quotient (EQ).

Tudo que fazemos na vida exige um componente emocional e um ato de liderança. Pelos conceitos da IE, quanto mais aprendemos a lidar com as nossas emoções, mais tranquilos seremos e controlaremos os nossos impulsos, melhor compreenderemos os sentimentos e comportamentos alheios, e será possível prever os níveis de felicidade e sucesso a serem alcançados.

Mas nem todos conseguem aplicar esse componente na dose certa. Imagine uma discussão de dois líderes de uma empresa a respeito de temas em que ambos divergem. Certamente, se em determinado momento as emoções não forem controladas, o tom da conversa vai se elevar, eles ficarão irritados e dificilmente se chegará a um consenso! O mesmo acontece em diversas outras situações: um casal, dois irmãos, dois vizinhos, um fornecedor e seu cliente...

Quando agimos no calor da emoção, a razão não entra como componente, pois ainda está em processamento. Por isso, há a necessidade de entender os fundamentos da Inteligência Emocional, pois nossas ações são pautadas pelos sentimentos.

A IE é o que realmente difere os comportamentos das pessoas e molda suas linhas de liderança. Quanto mais inteligentes emocionalmente forem, mais sensatas, líderes, equilibradas, produtivas, conciliadoras e prósperas elas serão. Além disso, mais conscientes e menos impulsivas serão também as tomadas de decisões.

Todos nós temos fraquezas, mas a Inteligência Emocional, por meio de uma autoanálise, nos leva a encontrar esses pontos frágeis, superá-los e transformá-los em virtudes, oportunidades e poder.

Para os acadêmicos John D. Mayer e Peter Salovey, Inteligência Emocional é "a habilidade de processar informações sobre as próprias emoções e as dos outros, tendo ainda a capacidade de usar essas informações como um guia para o pensamento e o comportamento".

Estudos feitos pelo psicólogo e jornalista da ciência, Daniel Goleman, mostram que líderes mais bem-sucedidos apresentam em comum a característica de terem um alto grau de Inteligência Emocional.

A Inteligência Emocional
é o que realmente difere os
comportamentos das pessoas e
molda suas linhas de liderança.

É claro que há outras exigências e componentes para se tornar um grande líder, como conhecimento técnico, criatividade, saber se relacionar e entender as pessoas, cultura eclética e conhecimento das técnicas das análises críticas, mas ter Inteligência Emocional elevada e desenvolver meios de utilizar tal virtude é decisivo.

Daniel Goleman também especificou os cinco pilares da Inteligência Emocional. São eles:

1. Conhecer as próprias emoções;
2. Controlar as emoções;
3. Automotivação;
4. Empatia;
5. Saber se relacionar interpessoalmente.

Esses cinco pilares nos fazem refletir sobre conhecer as nossas emoções, saber conviver com elas, criar estímulos para se automotivar, ser empático para se colocar no lugar dos outros e sentir suas emoções, além da importância de criar boas relações.

A IE nos ajuda a conviver com as situações cotidianas, tanto pessoais quanto profissionais, e encontrar as melhores formas de enfrentá-las, resolvê-las e aproveitá-las em benefício próprio.

Há um somatório de situações que envolvem família, filhos, plano de carreira, metas e prazos para serem cumpridos, conflitos, competitividade, conquistas, ou seja, há inúmeras decisões que temos de tomar.

Cada uma dessas situações acarreta responsabilidades, cobranças e pressão interna e externa. Assim, sabendo utilizar e aplicar bem os pilares da IE, as resoluções são mais tranquilas, menos traumáticas e assertivas.

Em alguns casos, agir com IE pode não eliminar uma perda significativa, mas amenizar o impacto ou valor dela.

Gosto de uma frase que diz: "O primeiro prejuízo é o mais barato". Contudo, compreender e internalizar esse conceito requer que se recorra aos princípios da IE.

Outro pensamento que talvez você conheça, e que demonstra a importância da IE, é: "Não prometa nada quando estiver feliz; não responda nada quando estiver irritado; não decida nada quando estiver triste".

Como contextualização, as três situações acima demonstram falta de irracionalidade e de IE. Prometer algo quando estamos muito felizes pode levar ao arrependimento. Retrucar algo durante uma dura conversa talvez nos leve ao arrependimento e a fazer considerações equivocadas. E decidir num momento de tristeza, de baixa estima, pode nos desmotivar e provocar a desistência de percorrer o caminho idealizado.

Então, independentemente do estado no qual você esteja, de alta ou baixa estima, de confiança fortalecida ou enfraquecida, de alegria ou irritação, seja emocionalmente inteligente e não aja por impulso. Os resultados disso podem ser prejudiciais e irreversíveis.

Há mais algumas abordagens ou modelos conceituais de Inteligência Emocional que eu gostaria de abordar. De um lado, está o modelo de aptidão e, do outro, o de traço, considerações abordadas por Stéphane Côté e Christopher T. H. Miners, no artigo denominado "Inteligência Emocional, Inteligência Cognitiva e Desempenho no Trabalho".

A construção de um time comprometido propicia convergência entre o propósito e os objetivos e sonhos dos gestores da companhia. O elo para que isso aconteça é a capacidade de ressignificar, ou dar novo sentido, a ideias e comportamentos, estando aberto para aprender, tanto conceitualmente quanto no convívio social e profissional.

No entanto, participar desse processo exige que cada integrante esteja disposto a realizar um autogerenciamento, o que constitui um exercício complexo, porque alia inteligência e racionalidade, o sentimento de colaboração e de time, o ato de ceder, o de se impor, o de ser humanizado, entre tantos outros, que levem a resultados satisfatórios para o bem comum.

Outro estudo interessante, apresentado pelos catedráticos Paul T. Costa e Robert R. McCrae, elenca cinco fatores para as análises das diferentes personalidades. São eles:

1. *Neuroticismo*: compreende Ansiedade, Hospitalidade, Depressão, Autoconsciência, Impulsividade e Vulnerabilidade.

2. *Extroversão*: expressa Acolhimento, o forte instinto da Gregaridade (ser sociável, qualidade para relacionar-se com outras pessoas), Assertividade, Atividade, Procura de Excitação e Emoções positivas.

3. *Abertura à Experiência*: envolve Fantasia, Estética, Sentimentos, Ações, Ideias e Valores.

"Não prometa nada quando estiver feliz; não responda nada quando estiver irritado; não decida nada quando estiver triste".

4. *Amabilidade*: reúne Confiança, Retidão, Altruísmo, Complacência, Modéstia e Sensibilidade.

5. *Conscienciosidade*: apresenta Competência, Ordem, Obediência ao Dever, Esforço de Realização, Autodisciplina e Deliberação.

Nos estudos de Ana Francisca de Oliveira e Fermino Fernandes Sisto, apresentados em *Traços de personalidade e agressividade:* um estudo de evidência de validade, os autores apresentam a seguinte análise: "Os traços de personalidade seriam características psicológicas que representam tendências relativamente estáveis na forma de pensar, sentir e atuar com as pessoas, caracterizando, contudo, possibilidades de mudanças, como produto das interações delas com seu meio social".

Por meio da Inteligência Emocional também é possível avaliar um tópico das habilidades, aquilo que os norte-americanos chamam de *Skills*. Essa avaliação abrange tanto a esfera pessoal quanto a profissional, sendo dividida em duas categorias: *Hard Skills*, medidas por conhecimento, capacitação e qualificação; e *Soft Skills*, que se referem às habilidades sociocomportamentais, ligadas à capacidade mental de lidar com fatores emocionais.

E cada ação acarreta um gatilho emocional: uma atitude agressiva provoca raiva, enquanto um ato gentil pode gerar gratidão. Ouso dizer que os grandes vendedores são aqueles que demonstram uma notável IE.

Bem, mas cada qual tem seu estilo de ser, pensar e agir. Todos eles diferem, justamente, porque se comportam dentro das suas essências. Os atos e movimentos que fazemos respeitam e refletem as nossas essências e aquilo em que acreditamos.

Como pai ou filho, já dissemos ou ouvimos a frase: "São irmãos, mas completamente diferentes um do outro"!.

E o comentário que podemos fazer é: "Que maravilhoso"!.

Não somos ou representamos uma linha de montagem, na qual a excelência está justamente no padrão, na repetição, na idêntica semelhança do modelo. Somos diferentes e precisamos nos diferenciar dos outros.

Um exemplo metafórico seria: para aqueles que lidam com análises de situações e emoções, sentimentos, decisões e erros e acertos das pessoas, a soma de 2 mais 2 pode parecer algo variável, como: 3,8... 3,9... 4,0... 4,2, pois envolvem tanto a razão quanto a emoção. Estes, muitas vezes, podem ser os componentes mais fortes para levar ao resultado final dessa soma.

Agora, para quem se pauta pela ciência exata, sem calcular imprevistos, erros e sobras, 2 mais 2 é igual a 4. E fim de papo! A ciência é exata, porque se pauta em elementos da razão.

Claro, o exemplo que dei é puramente metafórico. Em casos em que a ética e os valores morais estão envolvidos, não há outro resultado para 2 mais 2 a não ser 4!

O que quero dizer com isso é que, se somos mais ou menos céticos, sonhadores, criativos, regrados, organizados, falantes, insinuantes, tudo tem o seu motivo de existir e de ajudar a formar nossa personalidade.

E, quanto mais inteligentes formos emocionalmente, mais equilibrados seremos, conseguiremos administrar melhor nosso tempo, teremos autoestima e confiança elevadas, conseguiremos nos relacionar melhor, seremos mais produtivos e engajados com metas e objetivos, teremos mais clareza na visão e análise dos fatos, evitaremos desgastes e estresses desnecessários, seremos mais empáticos... Isto é, são vantagens, vantagens e mais vantagens.

Cada uma das características que nos molda determina então aquilo que já foi citado antes: o nosso estilo de ser, pensar e agir.

Entenda que, dentro desses estilos, não há certo ou errado, mas sim pontos a serem corrigidos, excluídos, valorizados, transformados ou evoluídos.

Então... parabéns por ser único e diferente dos demais!

HABILIDADES EMOCIONAIS

Muitos estudos e pesquisas são publicados tendo as *Soft Skills* como fundamento e determinando habilidades sociocomportamentais significativas.

Um deles, o Relatório de Aprendizagem no Local de Trabalho do LinkedIn, aponta, com grande relevância, a resiliência e a criatividade.

Já a Global Talent Trends apresenta como características: comunicação, adaptabilidade, liderança, persuasão e colaboração.

Nos estudos da The Ladders, as principais habilidades são ética, saber trabalhar em equipe, escuta ativa e capacidade de inovar.

Em relação aos resultados apresentados pela Future of Jobs, ligada ao Fórum Mundial da Economia, as aptidões determinantes

Os atos e movimentos que fazemos respeitam e refletem as nossas essências e aquilo em que acreditamos.

são pensamento crítico e analítico, flexibilidade, competência para resolver problemas complicados, iniciativa, tolerância ao estresse e originalidade.

A todas elas somam-se empatia, trabalho em equipe, capacidade de receber e avaliar as informações externas, saber ouvir, ter habilidade de mediar conflitos e saber conviver com as diferenças.

Ter uma equipe emocionalmente inteligente, conforme apresentado pelo *American Journal of Pharmaceutical Education*, traz inúmeros benefícios nas relações e resultados mercadológicos.

Nas empresas que possuem quadros de colaboradores com esse perfil, os profissionais conseguem se adaptar melhor às mudanças, constroem relacionamentos mais sustentáveis, conseguem lidar melhor com situações mais delicadas e tensas, são mais assertivos nas ações e decisões, e mostram capacidade de lidar com situações conflitantes e solucioná-las.

E, certamente, assumirão as melhores posturas em momentos mais críticos como os de gestão de crise.

LIDERANÇA

Algumas das importantes discussões mercadológicas que preocupam as grandes organizações e grupos empresariais focam a sucessão de liderança e o surgimento de novos líderes.

A liderança pode estar explícita, mas também é algo para ser despertado nas pessoas. O empreendedor pode nascer pronto, mas o líder não. A liderança é algo que desperta e se desenvolve.

Quem é líder, certamente, desenvolveu essa habilidade com outros mentores e referências pessoais e profissionais que tiveram a predisposição de ensinar com atos, palavras e exemplos.

Gosto sempre de reafirmar que oferecemos muitas oportunidades para trabalhadores da zona rural. Encontrei diversos jovens de grande capacidade e força de trabalho no garimpo, mexendo com máquina, terra, ouro. Alguns não estão mais conosco e seguiram a própria jornada, outros fizeram carreira na Gazin. Eu batia o olho neles e pensava: "Esse indivíduo não tem medo do sacrifício".

O nosso segundo presidente-executivo, após o processo de sucessão que realizamos no Grupo Gazin, é o Gilmar Alves de Oliveira, o Gil. Ele era garimpeiro e foi num desses garimpos da vida que eu o encontrei. Percebi o jeito ativo dele no meio do pessoal e imaginei: "Esse menino vai se transformar num bom profissional".

Certamente, na jornada do garimpo até se tornar presidente-executivo do Grupo Gazin, ele teve um excelente desempenho profissional. O Gil superou todas as minhas expectativas e, acredito, as dele também. E para que alcançasse tal conquista e posição, dei a ele o mínimo, uma oportunidade, e coube ao Gil buscar toda a evolução necessária, com formações em graduação, cursos e congressos, entre outras qualificações.

O percurso do Gil é o mesmo de tantos outros que iniciam numa loja ou no depósito, avançando para a fábrica ou assumindo a gerência de uma loja. Nesse caminho, não param de crescer ou redirecionar suas trajetórias. Sentimos orgulho em despertar nessas pessoas o interesse e desejo de crescer na vida e na carreira.

Garimpar diamante e ouro é mais fácil do que garimpar pessoas. No garimpo, você utiliza peneira ou bateia, um tipo de bacia que retém apenas o material que não passa, ou seja, o minério. E, quanto mais você peneira, mais valioso se torna o conteúdo.

Quanto às pessoas, o processo é significativamente mais complexo, delicado e desafiador. Numa analogia com o minério, encontramos geralmente "ouro" de alta pureza e qualidade. No entanto, às vezes, podemos pensar que encontramos um bom "ouro", mas descobrimos que, na verdade, ele é de baixa pureza. E, ainda mais comumente, um "ouro" que teria o destino que você imaginava acaba escapando e sendo bem utilizado de outra forma.

Então, quanto mais peneiramos o pessoal da empresa, uma, duas ou três vezes, mais apurado ele fica, principalmente com o incremento de boas leituras e cursos de capacitação e qualificação.

O mais desafiador dos cenários acontece com quem tem pepitas de ouro de alta pureza nas mãos entre os funcionários, mas não percebe. Em toda organização é possível haver pepitas valorizadas que não são reconhecidas e aproveitadas. Isso pode até acontecer na Gazin, mas é uma enorme exceção, e não regra, pois somos muito preocupados e criteriosos com pessoas e com a geração e retenção de talentos.

Registro ainda o grande número de pessoas de inteligência diferenciada que, por falta de oportunidades ou mesmo pela ausência de alguém para notar seus reais valores, seguiram por caminhos errados e acabaram arruinando suas vidas. Infelizmente, os presídios estão cheios de pessoas assim.

Garimpar diamante e
ouro é mais fácil do que
garimpar pessoas.

O escritor e consultor americano, especializado em gestão de negócios, sustentabilidade e crescimento de empresas, Jim Collins, afirma que a liderança nível 5 apresenta um perfil de pessoas com comportamento fortemente marcado pelo senso de determinação aliado à humildade.

O foco primordial desse estilo de liderança é desenvolver nas pessoas o senso de autonomia para criar e fortalecer projetos com bons resultados, sem a necessidade de vincular com o seu eu.

Um fato, porém, é determinante: quem lidera precisa amar, cuidar e zelar pelas pessoas. Se a liderança for um projeto pessoal de vida, não se sustenta. O próprio grupo elimina esse modelo de líder.

Conheci vários estilos de liderança, e todos eles têm seus valores e características. Um deles, liderar pelo conflito, ainda não tem meu total apoio, embora eu concorde que, em algumas ocasiões, criar um conflito, um desconforto, faz com que o time saia de uma área de acomodação e comece a elevar o desempenho e, automaticamente, os resultados. Mas, como disse, acredito no conflito como uma ferramenta da liderança sadia, e não como seu principal componente ou base.

Liderar é saber ensinar e aprender com as pessoas. Uma das mais brilhantes escritoras brasileiras, Cora Coralina, registrou a seguinte frase: "É feliz a pessoa que transfere o que sabe e aprende o que ensina".

A linguagem do líder deve ser autoconfiante, clara e objetiva, criativa, transmitida com simplicidade, mostrando caminhos para que a compreensão seja feita com resiliência. Isso ajuda a estabelecer uma visão a médio e longo prazos, e a alcançar excelência e resultados satisfatórios.

Um líder inspirador sabe explorar o melhor potencial que cada um tem para oferecer, elevando ainda esse nível e mudando a mentalidade das pessoas.

Líderes conhecem cada um dos seus liderados. Líderes formam líderes. Líderes desenvolvem lideranças. Líderes constroem pilares e são exemplos e referências de conduta e valores, mantendo-os inegociáveis.

Estou entre aqueles que acreditam que todo grupo precisa de um líder, um camisa 10, um capitão. Mas as glórias das conquistas são de todos.

O empresário Steve Jobs, que se notabilizou por ser cofundador e presidente da Apple Inc., criou a seguinte frase: "Coisas incríveis no mundo dos negócios nunca são feitas por uma única pessoa, e sim por uma equipe". E, realmente, essa é a pura realidade.

Grandes líderes não procrastinam. Eles sabem das suas responsabilidades perante a equipe e a empresa, e têm ciência de que elas não podem ser delegadas. A equipe observa tal ponto de forma crítica e valoriza os líderes que não repassam decisões exclusivamente da alçada deles.

Como diz aquele antigo ditado: "Não deixe para amanhã aquilo que se pode fazer e resolver hoje". Assim, prorrogar uma dura decisão ou conversa mais firme pode elevar o atrito ou nível do problema. Saber a hora certa de intervir é uma das virtudes dos grandes líderes.

No meu caso, sempre agi com base nas situações. Às vezes, confesso, fui até incisivo demais, mas nunca deixei de intervir quando a situação assim exigiu. Sou um eterno aprendiz e adepto da colaboração total; acredito que o crescimento coletivo prospera com curiosidade, adaptabilidade e compromisso com a execução.

Participamos e sempre estamos muito bem posicionados nos rankings demonstrados pelo Great Place To Work, "uma consultoria global que apoia organizações a obter melhores resultados por meio de uma cultura de confiança, alto desempenho e inovação".

Uma das informações apresentadas na minha biografia *Mário Gazin – A história do menino pobre que mudou uma região e fundou uma das principais redes de varejo do Brasil*, mostra que, quando questionados sobre os motivos que fazem nossos colaboradores avaliarem positivamente o Grupo Gazin e colocá-lo entre as melhores empresas para se trabalhar no Brasil, um deles impressionou: a confiança de 97% do quadro de funcionários nos líderes e alto gestores da nossa companhia.

Não é apenas um dado, mas uma conquista de confiabilidade mútua que perdura há décadas e está constituída e consolidada na nossa cultura organizacional: transparência, segurança, solidez e confiança.

Por isso, nunca é demais apresentar os conceitos que pautam todos nós do Grupo Gazin:

Líderes constroem pilares e são exemplos e referências de conduta e valores, mantendo-os inegociáveis.

NOSSA MISSÃO
Estabelecer vínculos duradouros com nossos clientes, promovendo as melhores condições para a venda de produtos e serviços.
NOSSA VISÃO
Ser um grupo econômico centenário, comprometido com a felicidade das pessoas.
NOSSOS VALORES
• Respeito. • Trabalho. • Integridade. • Transparência. • Excelência com simplicidade.

AQUILO QUE NOS NORTEIA E NOS INSPIRA:

1. Entender o cliente.

2. Confiar e gostar de gente. Fazer das pessoas e de seu desenvolvimento um diferencial competitivo.

3. Fazer negócios sustentáveis com uma perspectiva de longo prazo, contribuindo para o desenvolvimento econômico e social, e para um meio ambiente saudável.

4. Ser implacável no corte de desperdícios.

Quem lidera precisa amar, cuidar e zelar pelas pessoas.

5. Ser apaixonado pelo que faz. Cumprir metas e buscar, incessantemente, a geração de valor para as partes interessadas com planejamento e disciplina na execução.

6. Estar pronto para transformações e aceitar a responsabilidade de inspirar os outros a criar mudanças positivas e que se mostram cada vez mais disruptivas. Inovar para não envelhecer.

7. Trabalhar de maneira que as atividades realizadas tenham significado e propósito para as pessoas, construindo um excelente lugar para se trabalhar.

8. Ser sempre um sonhador. Fazer do mundo um lugar melhor.

9. Realizar operações de forma rápida e simples, valorizando o tempo um do outro.

Primeira Loja Gazin, inaugurada no município de Douradina (PR), em 13 de dezembro de 1966.

Irmãos Gazin - Antonio (Doia, à esquerda), Mário, Jair, Rubens e Maria Aparecida (Cidinha).

Colher que Mário Gazin utiliza para representar a situação de "Mexer o Doce para não queimar".

Mário Gazin trabalhando duro na fazenda.

Mário Gazin e Raimundo Nonato Alves da Cunha, o Carreirinha, funcionário da fazenda no MS.

Mário Gazin depois de um temporal no meio da terra gradeada na fazenda.

Momento descontraído na Fazenda – Mário Gazin com a dupla Tostão e Guarany, e os amigos Marcos Suppert e Michely Tonhi.

Mário Gazin com Shunji Nishimura, da Jacto.

A Gazin promove torneios entre os seus colaboradores.

Loja Gazin de Rio Branco (AC).

Loja Gazin de Santarém (PA).

Loja Gazin de Porto Velho (RO).

Loja Gazin de Douradina (PR).

Metas da Gazin para o ano de 2024 e que são compartilhadas com os colaboradores e o mercado.

Como diz Mário Gazin:
"Alguns empreendedores passam o bastão para os seus sucessores, mas continuam a segurar numa das pontas".

Mário Gazin recebe o título de Cidadão Ji-Paranaense.

A Gazin sempre leva um número expressivo de colaboradores para a NRF, nos Estados Unidos.

A frota da Gazin, entre veículos próprios e agregados, tem mais de 830 caminhões.

Alguns caminhões da frota Gazin.

Mário Gazin na filial de Douradina.

CAPÍTULO 2

AS DIFERENTES FORMAS DE EMPREENDER

Empreender de forma empresarial e social

EMPREENDEDOR! A palavra "*entrepreneur*", de origem francesa, representa: aquele que se lança à realização de coisas novas e difíceis, fora do comum; ativo, criativo, arrojado, trabalhador, inovador, dinâmico; que sabe identificar as oportunidades e transformá-las em uma organização lucrativa.

De forma constatada, inúmeros são os institutos de pesquisas que demonstram que o povo brasileiro tem em sua essência a iniciativa de empreender. Abrir uma loja, uma fábrica, um escritório, começar a fazer salgados e bolos em casa para vender, comprar e vender produtos como roupas e acessórios... esses são apenas alguns exemplos.

As dificuldades são inúmeras para quem inicia ou mesmo faz a gestão de um negócio próprio. Mas, quando o modelo é bem administrado, levando-se em consideração o ramo da atuação ou empresa, os resultados são proporcionalmente satisfatórios e podem permitir o desenvolvimento dele.

Quanto mais um negócio se expande empresarialmente, mais ele agrega para a economia: compra mais, emprega mais, produz mais, vende mais, gera mais impostos... e assim a "bola" vai crescendo.

No entanto, além da ampliação da empresa ou do tipo de atuação, é importante estar atento não só aos aspectos econômicos, mas também sociais e ambientais. Ou seja: falamos do *empreendedorismo social*, terminologia que nasceu após meados da década de 1990, com o lançamento do livro *The Rise of The Social Entrepreneur*, do autor Charles Leadbeater. A síntese da ideia é ter a ação de empreender como ferramenta de mudança ou resolução das questões sociais da comunidade.

Assim, a criação e o desenvolvimento de um negócio devem ser sustentáveis, atuando não apenas como multiplicador econômico, mas agregando valor e qualidade de vida para a sociedade e ajudando a solucionar problemas com a criação de empregos, geração de oportunidades de ensino, atuação estrutural em prol da saúde, do meio ambiente e da exclusão de minorias, entre outras tantas.

Isso significa que o empreendedor social não precisa ter lucro? Errado! Ao contrário disso, e como em toda a iniciativa de empreendedorismo, seja empresarial ou social, o lucro permite a solidificação e a ampliação da atuação. Como vamos contratar mais pessoas, investir na preservação do meio ambiente e fazer girar a economia se o negócio não gerar lucro? Impossível!

Nesse caso, do empreendedorismo social, o reinvestimento do lucro permitirá alcançar e atender mais regiões e pessoas, trazendo ainda maior arcabouço para as iniciativas do projeto.

Quanto mais um negócio se expande empresarialmente, mais ele agrega para a economia.

Em síntese: empreendedorismo empresarial gera lucro para acionistas e investidores, que também podem usar parte desse lucro para investir em ações sociais; empreendedorismo social gera lucro para ser investido e reinvestido no capital social e nas melhorias contínuas ou na erradicação dos problemas que envolvem pessoas mais necessitadas e a sociedade em geral.

Agora que os conceitos estão bem definidos, e que já sabemos da importância de empreender socialmente, fica um alerta: vamos nos incluir nesse processo! E, para isso, as formas de amor ao próximo são inúmeras: por meio das ações e entidades de bairro, das iniciativas das comunidades religiosas, fornecendo materiais escolares para instituições de ensino, doações de remédios, entre outras.

Particularmente, sempre procuro ajudar a quem precisa, provendo conhecimento, principal matéria-prima para progredir conceitualmente, ou amenizando de alguma forma a dor e a necessidade momentânea.

E no Grupo Gazin, por meio do Instituto Mário Gazin, sobre o qual apresentarei em detalhes mais adiante, participamos de inúmeras ações sociais e campanhas, entre elas, "Pintando o 7", em benefício da Apae – Associação de Pais e Amigos dos Excepcionais –, e "Outubro é 10", fundamentada no "Outubro Rosa", mês que inspira cuidados à saúde da mulher e à prevenção no combate ao câncer de mama, com recursos destinados em prol dos hospitais que tratam a doença.

Esse investimento social não vai gerar aumento no valor monetário da nossa conta, mas certamente acarretará retornos gratificantes como: amenizar a dor e as necessidades das pessoas, salvar vidas, proporcionar ensino para crianças e jovens adolescentes. Além disso, permitirá a nós modificar as fisionomias que mais expressam dor e desilusão, levando a elas motivos para sorrir e ter esperanças.

Empreenda socialmente sem moderação ou contraindicação.

INTELIGÊNCIA ARTIFICIAL E OS GRANDES DILEMAS

Inteligência Artificial, ou IA! É ou não confiável? Ajuda ou atrapalha? Devo ou não utilizar? Nasceu para o bem ou para o mal da humanidade?

Há muitas discussões acerca do tema. E todas elas são válidas, pois tudo que inova causa desconforto, dúvidas e insegurança, perdas e ganhos, mas também traz inúmeras soluções.

Acredito que o ponto em questão seja a velocidade com que a Inteligência Artificial chega e o modo como vem sendo utilizada.

Talvez até mesmo a nomenclatura pudesse ter sido mais bem escolhida. Por que a chamar de Inteligência *Artificial*?

Nos dicionários, a definição da palavra *Artificial* apresenta sentidos extremos. Por um lado, há uma perspectiva que a torna mais clara: *que é produzido não pela natureza, mas por uma técnica*. No entanto, há também outro lado com explicações intimidantes: *que não é natural; dissimulado; fingido; falso; que age de maneira fingida, escondendo realmente suas reais intenções.* Essa última abordagem é bastante preocupante.

Por isso entendo que a nomenclatura deveria ter nascido de outro modo, com sentido mais agregador e menos intimidador.

Certo mesmo é que a Inteligência Artificial já conquistou seu espaço e veio para ficar. Então, o grande ponto a ser debatido não é a Inteligência Artificial em si, e sim a forma como cada um a utilizará.

Sendo assim, como fazer uso da Inteligência Artificial sem ferir a ética? A IA é uma ferramenta e, como tal, poderá ser empregada para o bem ou para o mal. Assim como uma ferramenta pode ser usada para construir ou reformar, também pode ser utilizada para ferir e destruir.

Algumas áreas já demonstram ganhos que se revelarão ainda maiores e mais inovadores com o passar do tempo: na medicina, na maior acessibilidade à educação, com sistemas de pesquisas, para a ciência, no desenvolvimento de produtos, como instrumento de se aproximar do mercado e dos consumidores.

Em contrapartida, há também pontos nos quais a utilização é preocupante: discurso de ódio, pornografia, *fake news*... e, nesses casos, o sucesso será utilizar a própria IA como ferramenta e antídoto para controlar o mau uso.

Alguns defendem a regulamentação da Inteligência Artificial; outros afirmam que ela é importante demais para ser enquadrada em regras, mas também importante demais para ser mal regulada.

Parece então que surgiu uma "lâmpada mágica" da qual sairá um "gênio" capaz de satisfazer os nossos desejos – ou os de quem quer nos contatar. Mas será que já estamos preparados para recebê-lo se nem sabemos ao certo o que pretendemos pedir ao tal "gênio"?

Seria melhor então buscar o equilíbrio entre o que a sociedade deseja e aquilo que ela realmente precisa, utilizando a Inteligência

A Inteligência Artificial não substitui, mas complementa as capacitações humanas!

Artificial como meio para isso. A IA, com seu manejo de dados, pode se tornar um caminho útil e capaz de gerar valor para a sociedade como um todo, e não apenas para grupos ou áreas específicas, criando assim a maior das riquezas: a da *herança intelectual.*

Reforço, então, que ainda há grandes discussões, e algumas delas se apresentam como questões sem muitas respostas nessa "luta de braço" entre as *hard skills* e as *soft skills* humanas e artificiais.

Mas que tal pensarmos da seguinte forma: o ponto em debate não é como substituir inteligência humana pela artificial, e sim como podemos melhorar os resultados e encontrar soluções assertivas unindo essas duas inteligências.

Como exemplo, no Congresso de 2024 da NRF Retail's Big Show (NRF – New Retail Federation), considerado o maior evento mundial do varejo, muito se falou sobre a Inteligência Artificial. Um dos pontos reforçados foi: "A IA não veio para tomar o seu lugar, e sim para colaborar e ajudar a elevar sua qualidade profissional e o seu nível de desempenho".

A Inteligência Artificial não substitui, mas complementa as capacitações humanas!

Por isso, para aqueles que se assustam com a ideia de que a Inteligência Artificial vai dominar o mundo, aqui vai um aviso:

Não se desespere! Afinal, para acionar os efeitos da Inteligência Artificial, você precisa de um dedo para pressionar o "enter", para dar o seu aceite.

Ou, então, nada feito!

AMAR – E MUDAR – O PRÓXIMO

Amar as pessoas não é algo fácil. Mudá-las, então, muito menos! A mudança é algo interno, que depende de cada um de nós e vem de dentro do ser para fora. Só muda quem realmente está disposto a passar pelo processo.

Mas podemos ser um elemento transformador. Nesse contexto, afirmo que a Gazin e tantas outras empresas valem ouro. No caso específico da Gazin, damos oportunidades para inúmeras pessoas que se dispõem a passar pelo processo de mudança e transformação de rota. Muitas delas vivem uma dura realidade, atuando em áreas sem qualquer relação com o varejo, submetendo-se ao processo de aprendizado com grande empenho e dedicação.

Várias foram as vezes em que me deparei com jovens e reconheci neles grande potencial a ser desenvolvido, porém muitas vezes negligenciado. Só no garimpo, descobri 11 garotos que fizeram carreira na Gazin. Alguns continuam conosco, outros seguiram a vida e montaram o próprio negócio.

Um deles era ainda "piá", termo que usamos para nos referir aos jovens adolescentes. Essa palavra, de origem guarani, significa "coração"; os indígenas chamavam carinhosamente seus filhos de "tchê piá", cujo significado é "meu coração".

Esse "piá" a quem me refiro está na Gazin há mais de 30 anos. Iniciou conosco em 1994 como vendedor, depois foi gerente de loja, dirigiu a nossa fábrica de colchões, assumiu o posto de diretor comercial e tornou-se nosso presidente-executivo. Refiro-me ao Gilmar Alves de Oliveira, o Gil. Ele mantém sua humildade e adota um modelo de gestão extremamente humanizado, semelhante ao que apliquei na Gazin, mas é evidente que passou por enorme processo de transformação e qualificação. O Gil estudou e aprendeu muito com as aulas, as leituras dos livros e a vida.

Os jovens precisam de ensino e oportunidades. Precisam, além dos estudos e da faculdade, dos ensinamentos práticos, de colocar a mão na massa. Como sempre digo, é preciso "mexer o doce", senão se corre o risco de queimá-lo.

No entanto, percebo que eles vivem numa velocidade muito diferente da minha e de outras gerações mais experientes. Essa garotada não tem pressa em agir e decidir, principalmente na escolha da profissão. Acredito até que façam isso para não persistir nos mesmos erros que os pais deles cometeram e que os levaram, em alguns casos, à frustração.

Várias pesquisas se aprofundaram no tema e os resultados variam de 56% a 90% de insatisfação no trabalho entre as pessoas entrevistadas. Alguns dos motivos citados são: desvalorização, desmotivação, baixa remuneração, insegurança, ambiente de trabalho tóxico, entre outros.

Em um estudo, a OMS (Organização Mundial da Saúde) apresenta que a insatisfação com a atividade profissional provocará um elevado afastamento dos profissionais nos anos seguintes. A causa será o abalo da saúde mental, motivada por estresse, depressão ou outros transtornos.

Muitas vezes, uma mudança de cargo ou setor pode eliminar esse descontentamento. Por isso, é importante ter líderes que observam e sabem detectar e reter talentos, e oferecer o melhor para as pessoas.

Os jovens precisam de ensino e oportunidades.

Fica aqui um alerta: funcionário desqualificado não permanece em empresa boa; e funcionário qualificado não trabalha em empresa ruim. Empresa boa demite funcionário ruim; e colaborador bom demite empresa ruim!

Não podemos modificar a nossa essência. Eu nasci pobre e rezo para não ficar rico. Quando falo isso, meus funcionários e as pessoas em geral dão risada. Mas a frase completa é: "Eu rezo todos os dias para não ficar rico, mas nunca rezei para não ganhar dinheiro".

Com isso, quero dizer que busco ganhar dinheiro, mas não deixo que ele mude o meu modo de ser, pensar, agir e de me relacionar com as pessoas e amá-las. Vivo muito bem, mas sem exageros. O segredo é viver na base, ter humildade e não se sentir no topo da pirâmide. A vida é assim... amamos as pessoas assim. E assim é o varejo.

Sei que conquistei o carinho, a amizade, a confiança e o amor das pessoas, e certamente manter a essência da simplicidade é importante para isso. Se eu tivesse outra postura, sentindo-me um "pop star", além de afastar essa gente do meu convívio, ainda influenciaria o pessoal a adotar uma postura mais arrogante.

O dinheiro não está no topo, mas na base da pirâmide. E foi essa base e todo o restante da pirâmide que fizeram a Gazin e tantas outras empresas nascerem, se desenvolverem e alcançarem grandes conquistas. Temos a missão de retribuir a esse povo amado e maravilhoso tudo que ele fez e faz por nós e pela Gazin.

O maior defeito dos empresários é perder a essência. Sair de um ponto mais baixo da pirâmide e, a partir do momento que começam a ganhar dinheiro, mudar de patamar e de mentalidade, desprezando as origens.

É por isso que nós, da Gazin, trabalhamos tanto. Movidos pelo amor que sentimos pelo nosso povo e pela identificação que temos com ele, falamos a mesma língua e compartilhamos os mesmos valores. E precisamos alcançar bons resultados para que a empresa tenha cada vez mais condições de reinvestir em estrutura e desenvolvimento.

Meus irmãos dizem que eu só penso em metas. Outro dia chamei um deles, que pensa em se aposentar, e falei: "Sabe a única coisa que nós sabemos fazer na vida? Trabalhar! Temos profissionais excelentes do nosso lado que conseguem administrar, e a grande virtude dos irmãos Gazin é trabalhar!"

Há muitos anos nossas metas são estampadas em peças de roupas íntimas, para que todos os trabalhadores da Gazin possam vesti-las e incorporá-las. Seguimos essa tradição ao estampar nossos valores em lenços e aventais de cozinha, que compartilhamos como presentes, não apenas em nossas sedes corporativas, mas também em todas as nossas lojas espalhadas pelo Brasil. Trabalhamos com ciclos financeiros e tudo isso diferencia a Gazin de outras empresas.

Lucro é o sangue que corre nas veias da Gazin. Alguém consegue sobreviver com as veias secas? Então, realmente, precisamos criar metas, superá-las e ampliá-las sempre! Empresa precisa ser sadia, ter caixa. Lucro é o resultado do valor social e econômico que geramos.

Nós, da Gazin, sabemos que dinheiro tem valor e nos pautamos por certos conceitos. Para ganhá-lo, é preciso empenhar muitos esforços, como energia, trabalho, dedicação, tempo, assumir certos riscos. Quem faz parte desse ritual, sabe dar o real valor ao dinheiro.

Na vida pessoal ou na empresa, é preciso ter fundo de caixa. Na Gazin, a nossa regra é ter no máximo 60% de endividamento com terceiros, fornecedores e bancos, e 40% de sócios. E 50% da nossa dívida tem de ser a longo prazo.

Esses são os limites que estabelecemos, para não comprometer a saúde do Grupo. Há empresas que trabalham com percentuais mais altos. Respeitamos, mas nos mantemos fiéis aos nossos princípios.

Quando precisamos fazer investimentos, orçamos o valor a ser dispendido e avaliamos, para ver se o fluxo de caixa suporta e se há previsão de crescimento nas vendas. O que importa para nós é a administração do caixa, e isso está cravado na nossa Cultura Organizacional.

Pensávamos e agíamos assim quando eu era o presidente-executivo. Pensamos e agimos assim mesmo depois de passar por duas gestões na presidência-executiva. Os executivos não podem alterar aquilo que os sócios determinam. Os executivos não podem abrir mais lojas do que o planejado.

Temos as nossas luzes vermelha, amarela e verde, e dependendo da situação, umas delas vai acender. Cuidamos da lucratividade para aumentar o capital próprio.

Quando os bancos se propõem a fazer empréstimos, colocam uma importante regra: o limite de dívida líquida. No caso da Gazin, a dívida líquida é quase zero. O que temos aplicado no banco é exatamente aquilo que devemos no mercado. Uma posição que transmite segurança em todos os sentidos.

Criamos pilares, para que sejam respeitados pelos executivos, e assim a empresa possa manter um caixa forte.

Inúmeras vezes fomos assediados por diversos bancos interessados em comprar a nossa carteira de crediário. Conversei com muita gente na época e o que ouvi foi: "Não terceirize a sua carteira de crediário e nem as entregas das mercadorias aos clientes".

Se tivéssemos aceitado negociar com os bancos, poderia entrar um dinheiro importante e potencializar ainda mais os negócios, mas, nos tempos de crise, isso teria um custo muito alto.

Optamos por não vender e, assim, administramos internamente a nossa carteira de crediário e nos saímos muito bem ao agir dessa forma.

Crescer é uma obrigação e uma necessidade de sobrevivência. Para isso, você precisa ter uma equipe competente e engajada nos propósitos da empresa. Nós, da Gazin, agimos com segurança: não crescemos o quanto queremos, e sim o quanto podemos e o caixa permite. Nosso plano de expansão contempla a abertura de lojas, de fábricas e de novos negócios.

Se a companhia cresce, paga bons salários, oferece excelentes benefícios e prêmios, todos crescem; e, se vai mal, paga abaixo do mercado, quase não tem benefícios, demite.

Por isso, não pense que gestão e qualificação de pessoas é um gasto. Ao contrário disso, é um maravilhoso investimento do qual todos se beneficiam: os trabalhadores crescem pessoal e conceitualmente, melhoram suas faixas salariais, pois têm mais a oferecer para a empresa, elevam o nível daquilo que entregam, tornam-se líderes e podem preparar novas lideranças, além de elevar a estima, ou seja, só há benefícios!

Alguém pode até perguntar: "Mas e se eu investir num colaborador, qualificá-lo e pagar cursos caros, e depois ele deixar a empresa?".

Claro, isso pode acontecer. Mas digamos que está num grupo muito pequeno e que o todo não pode pagar por uma ínfima parcela que não saiu como o planejado. Na vida, atingir 100% é a nossa busca constante, mas chegar o mais perto disso é o possível e o ideal.

Elevar o nível profissional da sua equipe é uma obrigação, seja você empresário, executivo ou gestor de área.

Li a frase seguinte e adorei, pois é realmente assim que funciona:

SE VOCÊ ACHA QUE CUSTA CARO UM BOM PROFISSIONAL, É PORQUE NÃO FAZ IDEIA DE QUANTO CUSTA UM INCOMPETENTE!

Crescer é uma obrigação e uma necessidade de sobrevivência. Para isso, você precisa ter uma equipe competente e engajada nos propósitos da empresa.

A incompetência é muito mais onerosa do que a competência e o profissionalismo. Hipoteticamente, imagine contratarmos um marceneiro que, apesar de ter um discurso brilhante e de apresentar um orçamento mais barato, errou nas medidas e entregou tudo malfeito, obrigando-nos a recontratar, aí sim, um profissional a um custo mais elevado.

Quando se fala em prejuízo, a referência não é apenas financeira, mas estrutural, de material desperdiçado e de algo muito mais oneroso do que o dinheiro: o tempo!

Quanto você pagaria para viver mais 5, 10 anos? Pode reservar o dinheiro que quiser, porque isso será impossível! Não há dinheiro no mundo que pague para se ganhar ou voltar no tempo.

Então, valorize os profissionais qualificados. Eu me realizo vendo as pessoas se desenvolverem tanto profissional quanto conceitualmente e, inclusive, invisto pagando do meu próprio bolso diversos cursos e viagens para várias pessoas, a fim de que cresçam culturalmente.

Sempre agi assim na minha vida pessoal e profissional. É também a postura assumida na Cultura Organizacional do Grupo Gazin, que emprega mais de 13 mil profissionais.

EMPRESA SADIA, FAMÍLIA FELIZ

Diversas "teorias da conspiração" especulam que as grandes redes de varejo enfrentarão desafios e possíveis falências devido ao grau de endividamento que alcançarão.

Generalizar e incluir todos numa mesma análise é um julgamento equivocado. Há casos e casos. No Grupo Gazin, a Cultura Organizacional preza o caixa e um determinado nível de endividamento que jamais pode ser ultrapassado.

Somos uma empresa sólida. Temos recursos, crédito, estoque, uma maravilhosa carteira de clientes, um bem estruturado modelo de logística e Centros de Distribuição (CDs), atuamos em várias frentes, como varejo, atacado, mercado financeiro, serviços, indústrias e agronegócio, e contamos com um desenhado plano de expansão. Além disso, internacionalizamos nossos negócios, vendendo colchões para outros países no nosso continente. E estamos sempre atentos às boas oportunidades de atuação no mercado.

Mantemos o foco em desenvolver processos, buscar a excelência operacional e estar de olho em reduzir e eliminar possíveis excessos que burocratizam e causam lentidão ao sistema, tornando-o mais oneroso.

Sabemos nos comunicar e conversar com os nossos clientes, porque, independentemente da faixa da pirâmide em que estejam, conhecemos e falamos a linguagem clara e direta deles. Somos uma empresa de varejo raiz, mas que soube se reinventar, se reposicionar e ampliar os segmentos de atuação.

E falo com orgulho que o maior estoque que temos no Grupo Gazin, além dos nossos produtos, está focado em gente! No nosso time, temos pessoas incríveis, gente de valor, que sustenta a família e ajuda a Gazin a se tornar essa gigante que a cada ano cresce e emprega mais de 13 mil profissionais.

Nós, da Gazin, prezamos pelo bom atendimento. No entanto, em muitos lugares, como nos Estados Unidos, o atendimento vem sendo substituído pelo autoatendimento. Essa é uma tendência que cada vez mais ganhará espaço e chegará com ainda mais força ao Brasil, tanto que já é perceptível a queda do nível de bom atendimento no nosso país.

Diferentemente do Brasil, onde crescemos porque vendemos e vamos em busca do cliente, nos Estados Unidos, pouco se vende e muito se compra; ou seja, a iniciativa parte do consumidor. Gostamos de receber e atender gente, de conversar e ajudar, de dar atenção e, automaticamente, de fazer a venda e fidelizar o cliente.

Sempre conversei e tive canal aberto com os gestores de outras importantes redes de varejo. Costumeiramente, eu me reunia com os empresários e varejistas, como Adelino Colombo, Hermes Macedo, Geraldo Felipe, Wanderlei Berlanda, Antonio Koerich e Samuel Klein, que, inclusive, sempre me dizia: "Mário, monta loja em São Paulo".

Agradecia pelo conselho dado, mas optei por manter a nossa base e crescer no varejo do centro-oeste para o norte do Brasil, atuando em todo o país com o nosso atacado e as nossas indústrias de móveis e colchões.

Somos muito criteriosos. Trabalhamos dentro das nossas programações e metas, pois isso transmite confiança ao mercado, seja aos clientes, fornecedores, prestadores de serviços, sistema financeiro.

Acredito que o primeiro dos pontos fortes dessa confiança nasceu já com a Gazin, quando, aos 17 anos, inaugurei a primeira loja e dei a ela o meu sobrenome. Isso acarretou referência e abriu caminhos.

Outro ponto foi o nosso modelo de sucessão. Primeiro, pelo fato de eu abrir mão da presidência-executiva aos 64 anos. Uns me chamavam de louco, outros de preguiçoso. Mas eu sentia que a empresa precisava de sangue novo, um sangue que não corria nas veias de ninguém da família Gazin. Não tínhamos um representante com o nosso sobrenome preparado ou interessado em me suceder.

Nesse caso, tomamos a decisão certa! Definimos um nome do nosso brilhante time para ser o novo presidente-executivo, o Osmar Della Valentina. Ele prometeu que, em sua gestão, reduziria drasticamente o grau de endividamento e dobraria a empresa no período de quatro anos. E, para cumprir essas metas, contou com o comprometimento do nosso pessoal.

Sei que, para isso, o Osmar tomou decisões que eu, particularmente, não tomaria, o que reforçou a certeza de que eu realmente precisava fazer a sucessão aos 64 anos.

As metas foram cumpridas: baixamos nosso endividamento e a empresa dobrou de tamanho, mas em quatro anos e meio. O Osmar e o nosso time de colaboradores estão de parabéns!

Depois de praticamente oito anos no comando, ocorreu a sucessão da sucessão, e o Osmar cedeu lugar ao Gilmar Alves de Oliveira, o Gil, que também vem desempenhando muito bem a função.

Aqui vale um registro importante: numa alusão às provas de revezamento no atletismo, há pessoas que falam que passaram o bastão para o sucessor, mas continuam segurando numa das pontas, tentando correr na pista com quem está no comando.

Eu entreguei o bastão e não volto por nada nesse mundo a ter mesa e cadeira na empresa, ou ao comando. Mas isso não significa que estou apático! Luto pelo melhor do Grupo e hoje me sinto mais como um consultor. Não tenho a visão que eles têm do negócio; mas eles também não enxergam o valor do meu patrimônio como eu, pois aqui não falamos apenas de números, mas sim de emoção e história construída.

Como em outra parte do livro fiz menção ao senhor Shunji Nishimura, fundador da Jacto, o qual foi um grande mentor, quero parabenizar a família pelo brilhante modelo de sucessão na empresa.

Os Nishimura costumam dizer: "Quando há sucesso nas duas gerações iniciais, na primeira e na segunda, e tudo está bem encaminhado com a terceira, aí sim se poderá dizer que o processo de sucessão feito pela geração que fundou o negócio foi bem-sucedido". E ainda reforçam: "O maior problema é o procedimento de transição entre as gerações, pois, na passagem de bastão, ele pode cair. É preciso perpetuar valores".

O modelo de sucessão deles é tão sério e digno de aplausos que os Nishimura começaram a trabalhar a quarta geração da família 25 anos antes de ela estar pronta para assumir postos de destaque e liderança na empresa.

Você pode estar se perguntando: "Mas se o Mário fez a sucessão fora da família... como fica a família nessa história?".

E a resposta é: a família está segura! Meus irmãos sempre trabalharam na empresa e, entre os nossos filhos, alguns poucos exerceram atividades no Grupo, mas depois se desligaram. E para eles preparamos um plano de estudos e consultorias, conscientizando-os de que, mesmo fora da empresa, precisam atuar como acionistas e conhecer a companhia.

A empresa não para e sempre precisa de mudanças e novidades. É necessário passar por um processo de renovação constante de liderança, mas que respeite os valores da organização.

A empresa não tem pernas, quem as tem é a família. Se a empresa precisar correr atrás da família, ela quebra. A família gosta de status, conforto, e a empresa não pode satisfazer todos esses desejos.

Criamos recursos jurídicos para dar segurança aos acionistas, sem gerar riscos para a companhia, com modelos de *holdings*. Inclusive orientei um amigo a seguir esse caminho, mas ouvi dele algo com o qual não concordo: "Eu não! Enquanto estiver vivo eu cuido; depois, os herdeiros que se matem".

Eu e meus irmãos amamos a empresa e nos dedicamos a ela. Pensamos e vivemos a Gazin 24 horas por dia. Veja este exemplo: Em um Natal lá em casa, depois do almoço familiar, enquanto todos foram descansar, eu fui visitar um dos nossos negócios, um posto de gasolina.

Cheguei e fui surpreendido pelo grande movimento na loja de conveniência. Entrei e fiquei impressionado. Havia pouca gente atendendo, umas catorze pessoas na fila do caixa e gente querendo comprar e consumir alguns produtos e cervejas que não estavam disponíveis nas prateleiras. Falei com a nossa funcionária e ela me explicou: "Seu Mário, as mercadorias estão lá no estoque, mas não consigo deixar de atender para repor".

Ora, não pensei duas vezes: fui até o estoque, peguei as caixas e ajudei na reposição. As gôndolas e a geladeira então ficaram abastecidas, a clientela consumiu o que queria e a loja faturou mais. Esse é um pequeno exemplo de dedicação, entrega e comprometimento que os empreendedores demonstram e buscam apresentar e transmitir aos seus contratados.

Problema é oportunidade! Em meio ao problema da dificuldade de reposição, solucionamos a situação e ganhamos dinheiro! Problema se resolve exatamente onde ele acontece. Se é na empresa, se resolve no ambiente de trabalho; se é em casa, a solução precisa estar lá. Há muitos anos eu misturava as estações, mas a vida me ensinou a agir com cautela e inteligência.

O Grupo Gazin é uma sociedade familiar, composta por mim, meus irmãos e nossos cônjuges. Como eu disse, nossos filhos e sobrinhos não estão na composição da empresa. Filhos se posicionam entre sucessores, que são os que acompanham os pais e conhecem a fundo os negócios, e herdeiros são os que não os seguem nas atividades.

Os meus filhos não me acompanharam, mas anualmente envio a eles relatórios do desempenho do Grupo. Como já citei, eles podem não atuar nas empresas, mas precisam assumir o papel de acionistas.

Nem todos vão apreciar o que vou dizer, pois é uma análise dura, mas avalio os filhos em três escalas: o bom, o melhor que o bom e o melhor que o pai.

Problema é oportunidade!

O filho bom é aquele que espera o pai morrer para acabar com tudo, "poupando-o" do desgosto. O melhor que o bom mantém o que o pai deixou. O melhor que o pai assume a empresa e a torna ainda maior, melhor e mais estruturada do que antes. Ou seja, constrói a própria história tendo como base aquela escrita pelo pai.

A IMPORTÂNCIA DE SE TER MENTORES, CONSELHEIROS E CONSULTORES

Nos dias de hoje, há uma maior conscientização sobre a importância da saúde mental e emocional, levando as pessoas a se consultarem com psicólogos e terapeutas. No entanto, é igualmente importante que se preocupem com o lado racional.

O executivo, por exemplo, só procura profissionais especializados quando enfrenta problemas pessoais, e não quando precisa de ajuda na resolução dos problemas profissionais. A cada cem pessoas, apenas uma tem mentor, enquanto o restante recorre a psicólogos e terapeutas.

A empresa segue uma dinâmica similar. Assim como as pessoas procuram por ouvintes, é fundamental que a empresa tenha alguém para ouvir como ela vem agindo, trocar ideias e aconselhar quando necessário. E para isso é importante se ter um competente Conselho de Administração na empresa.

Nós, na Gazin, temos essa preocupação há muitos anos. Compartilhamos com nossos conselheiros as metas, estratégias, realidade financeira e perspectiva de crescimento da empresa para que possam acompanhar nossa evolução, seja para um, três ou cinco anos.

James Clear, autor norte-americano, expressa com clareza uma sequência de frases: "Sem trabalho duro, uma grande estratégia é só um sonho. Sem uma boa estratégia, trabalho duro torna-se um pesadelo".

Eu mesmo sempre me aconselhei com pessoas experientes do setor do varejo e também do mercado e de diversos segmentos, as quais tinham uma visão específica e ampla do setor e do país em geral.

Nós, por exemplo, somos do varejo, mas nos interessa saber a mentalidade das indústrias, pois são elas que produzem as mercadorias que vamos oferecer e vender aos nossos clientes. Se as indústrias apostam no momento econômico, pode haver mais mercadorias, e isso nos anima; no entanto, se elas recuam, precisamos estar atentos.

É possível trazer essas visões para dentro de casa por meio de um competente Conselho de Administração, o que exige assertividade nas escolhas dos componentes. É necessário haver afinidade com os membros, e estes devem ter experiência, filosofia de vida avançada, conhecimento específico e mercadológico.

Eu aprecio compartilhar ideias. Gosto de ter sociedade, assim dividimos as despesas e os lucros. A própria Gazin é uma empresa familiar de décadas. Mas é importante ter em mente que uma sociedade precisa ser formada com pessoas preparadas e que compartilhem valores semelhantes; afinal, como dizem, "sociedade é como casamento".

No entanto, não é bem assim, pois uma sociedade, além de envolver poder, dinheiro e respeito, não tolera erros, que podem ser fatais para o negócio e para a associação em si.

O importante para uma sociedade prosperar é definir regras, direitos e deveres, e como a família se posicionará no futuro. Feito isso, e com valores e ética, ter sociedade é um bom negócio.

Estabelecer a posição da família é fundamental. Eu e meus irmãos somos os donos; nossos filhos, que não trabalham na empresa, são acionistas. E os nossos netos, que serão beneficiados dentro dessa definição de papéis, poderão atuar na Gazin, desde que tenham competência, subam por meritocracia e construam suas trajetórias que, espero, sejam vencedoras e colaborem com a Gazin. A escolha, porém, é deles!

Eu, meus irmãos e meus filhos amados trabalhamos muito para construir e consolidar a Gazin. Além de muito trabalho, sempre procurei estar próximo de pessoas sábias. Elas nos ensinam e nos motivam, inspirando-nos a acreditar no nosso potencial e a elevá-lo cada vez mais.

Mesmo tendo pessoas que inspiram, não se esqueça de que mudar e querer se desenvolver depende de cada um de nós. Uma situação é ouvir de alguém que é preciso estudar, outra é se matricular em uma escola ou universidade, se dedicar, tirar boas notas e concluir o curso.

Sempre amei meus pais e cuidei deles. Meu pai, um homem maravilhoso e sensato, deixou uma marca em minha vida, inclusive por meio de duas surras – uma delas já mencionada – que, apesar de dolorosas, marcaram e corrigiram meu caminho. Acredito que o

"Sem trabalho duro, uma grande estratégia é só um sonho. Sem uma boa estratégia, trabalho duro torna-se um pesadelo".

James Clear

filho que não expressa amor, cuidado e gratidão aos pais, deveria ser proibido de comparecer ao funeral e chorar pela perda deles.

Eu gostaria de conviver mais com a minha família. No passado, entreguei-me ao trabalho e sei que faltei em muitos momentos na relação familiar. Eram viagens, cursos, visitas às lojas e aos fornecedores... fui fiel ao propósito de criar uma empresa consolidada e gerar riqueza para milhares de pessoas.

Meu afastamento não foi por relaxo ou descuido, mas sim porque estava empenhado em cuidar da empresa. No passado, a família destinava tempo para mim, mas eu não tinha tempo para ela, devido aos compromissos profissionais. Hoje, embora eu tenha tempo para a minha família, ela não tem mais o tempo que eu gostaria que fosse destinado a mim.

A vida se resume às escolhas. Certas ou erradas, são escolhas. E como acontece em todas as nossas decisões, elas trazem ganhos e perdas. Não se recrimine. Aceite as suas escolhas e aquilo que elas provocam.

A minha opção foi trabalhar para cuidar da minha família e dos meus milhares de filhos amados. Há muita responsabilidade nisso, pois empregamos e cuidamos dos esteios, aqueles que muitas vezes levam o único sustento familiar para suas casas.

Quem me conhece sabe da frase que criei: "Antes de cuidar da família, cuide da empresa. A empresa cuida da família, mas a recíproca nem sempre é verdadeira".

Expresso com isso que uma empresa solidificada e estruturada zela pelo bem financeiro da família, como acontece na Gazin,

A vida se resume às escolhas.
Certas ou erradas, são escolhas.

em que todos os acionistas e seus seios familiares vivem bem com os recursos recebidos dos dividendos da empresa, sem "sangrar" a companhia.

MÉTODOS & ESTRATÉGIAS

Escolhi o tema por acreditar que a metodologia e a estratégia compõem tudo que fazemos em nossa vida. Estudar, trabalhar, empreender, comprar, vender, viajar, cozinhar, construir, jogar... eu poderia ficar horas escrevendo verbos no infinitivo. A boa prática de todos eles exige Métodos & Estratégias.

Eu gosto de participar de eventos. Em muitos deles, sou convidado a externar o meu pensamento, seja com pronunciamentos ou palestras. Para essas ocasiões, criei o meu método e a minha estratégia.

Vivemos numa sequência de ações que exige metodologia e estratégia. Se uma delas falhar, vai gerar trabalho e esforço desnecessários, ou muitas vezes retrabalho.

No entanto, é importante reconhecer que a metodologia e a estratégia podem mudar à medida que o panorama se transforma. Em certas ocasiões, uma boa estratégia pode mudar a metodologia.

Contei isso para que você possa fazer uma análise de como caminha a sua vida, de como andam as metodologias e as estratégias que você tem aplicado nela.

E, como último comentário, deixo aqui duas situações para reflexão.

Se você não quer ter fracasso, busque não pecar nos métodos e nas estratégias!

Se você quer ter sucesso, invista fortemente na aplicação de métodos e estratégias!

PODER DE NEGOCIAÇÃO

O ato de saber negociar é algo que se desenvolve e ganha novos componentes a cada dia. Não há apenas uma fórmula para se ter sucesso na negociação. Mesmo assim, é preciso criar e ter várias "ferramentas" e, principalmente, saber utilizá-las durante a conversa com a pessoa do outro lado da mesa.

Para ser um bom negociador, é fundamental saber fazer as contas de cabeça, evitando o uso de máquinas de calcular. Em 90% das vezes que negociamos, a precisão do cálculo é irrelevante, sendo a ordem de grandeza mais determinante do que a precisão. Geralmente me saio bem nas negociações por agir dessa forma. Você consegue, além de "enxergar" o quadro final antes da pessoa com a qual negocia, também se preparar para uma contraoferta de forma antecipada.

A vida me ensinou a observar que, numa negociação, muitas vezes os pontos que você valoriza, e que lhes são mais importantes, não coincidem com os da outra parte. Por isso, é preciso descobrir o que é mais significativo para o outro lado em vez de ficar insistindo em determinados pontos de vista.

Sabendo utilizar isso em benefício próprio, você consegue fazer uma boa negociação e deixa a outra parte realizada. Durante uma conversa, a partir de uma elaboração mais sofisticada, é possível criar uma proposta que lhe traga benefícios sem que o outro a refute.

Saber o que é relevante para o outro lado na negociação facilita o desfecho. E, normalmente, isso o ajuda a fazer uma transação mais vantajosa.

O Brasil é um país onde não faltam bons negócios.

O que sempre digo é que, antes de entrar num negócio, você precisa estar seguro, para não ter de sair dele na hora errada. Se precisar sair com urgência, seu poder de negociação perde força; quem ganha com isso é o comprador.

No mundo dos negócios, a demanda define os preços. Quando vou ao supermercado e vejo que o quilo da beterraba vale mais do que o do frango, algo está errado. Ou o frango está barato, ou a beterraba muito cara. Hoje em dia, essas situações ocorrem no cotidiano.

Vivemos ainda algumas situações e negociações curiosas. Quando o tema é negociação, jamais devemos nos deixar levar por aspectos que não sejam relativos e determinantes para a viabilidade da compra ou venda.

Negociar é uma arte! Eu gosto da estratégia da negociação. Às vezes, posso agir durante todo o processo ou só entrar para finalizar a negociação. Mas quero acompanhar o passo a passo e participar da definição da estratégia. E não se pode ser ganancioso. Se você conseguiu uma oferta pelo seu produto acima do que ima-

Negociar é uma arte!

ginava, aceite-a! Digo isso porque já perdi bons negócios achando que iria elevar ainda mais um preço que eu mesmo já avaliava como bem interessante; e isso ocorreu justamente por, de certa forma, querer ser ganancioso.

Na comercialização, você aprende que há o momento ideal de dizer "negócio fechado"!. Tem muito de sensibilidade nisso, aquilo que os norte-americanos chamam de *feeling*.

Outro ponto importante: é preciso ter cuidado para não ganhar de um lado e perder do outro.

Você já fez compras em faróis? Naqueles minutos em que você para e espera o farol vermelho ficar verde? É um tal de oferta *pra* lá, contraoferta *pra* cá... E, claro, o preço varia de acordo com as condições de "mercado". Se o sujeito vai vender um brinquedo e a criança está no carro, dificilmente você escapa de comprar e ainda paga caro. O ambulante mostra o brinquedo e conquista a criança. E você vira "refém" da situação.

E quanto custa um guarda-chuva em dia ensolarado? E quanto vale um guarda-chuva no meio de uma tempestade?

Em certas horas, o produto tem preço. Em outras, valor.

Se você consegue agregar valor ao seu produto, à sua empresa, aos seus serviços, à sua carreira, entre outros, está no caminho certo!

TRABALHAR E CONHECER OS CONCEITOS

Lembro-me de que, aos 50 anos, ingressei na Trecsson Business, faculdade de Administração de Empresas, localizada em Maringá, e conveniada à Fundação Getúlio Vargas do Rio de Janeiro (FGV-RJ). Pela falta dos diplomas e das conclusões das séries de base, participei não como aluno regular, mas sim na condição de ouvinte.

Eu me dediquei bastante. Passei em todas as matérias com boas notas. No entanto, fiquei indignado, pois já bancávamos várias bolsas de estudos para nossos funcionários e uma média de 13% deles reprovavam. Aquilo me incomodava, pois eu não aceitava que, mesmo tendo os cursos pagos, parte da turma não se entregasse por completo aos estudos.

Mesmo com a distância de Douradina e a forte carga de trabalho, eu não esmorecia, não me permitia relaxar. Durante esse período, tive aulas e professores incríveis, como a Irene Badaró. Recordo-me de ter recebido a nota 7,2 na prova dela sobre liderança, o que me deixou incomodado. Afinal, liderança é algo que, modéstia à parte, considero dominar. No entanto, essa nota foi suficiente para eu passar de ano. Transformei a situação em oportunidade e convidei a Irene para palestrar sobre o tema na sede da Gazin, em Douradina.

Outro mestre que marcou bastante foi o Iran, que trabalhava na Petrobras. De estilo durão, ele cobrava bastante empenho da turma e nos enchia de trabalho para fazer em casa. Eu adorava as aulas dele, pois aplicava atividades e pensamentos incríveis, inclusive sobre estratégia e trabalho em equipe, fazendo-nos refletir e sair do patamar comum.

Certa vez, preocupado em conciliar a carga de trabalho profissional e educacional, eu disse a ele:

— Professor Iran, pega mais leve nas atividades. Eu trabalho dezesseis horas por dia na empresa e o dia fica curto.

O Iran me encarou seriamente e respondeu:

— Mário, você sabe fazer contas... Se o dia tem 24 horas, e você trabalha dezesseis, restam ainda oito. Então estuda quatro horas e dorme quatro.

Aquilo foi um divisor de águas. Eu sempre achei que trabalhava bastante, mas vi que poderia produzir ainda mais. A grande maioria dos nossos funcionários pensa dessa forma e trabalha feliz. Tem cobrança, tem pressão, mas também alegria e ambiente sadio e com toque familiar na empresa. E, claro, resultados financeiros compatíveis e satisfatórios com a entrega e a função exercida por cada um deles.

Gosto de contratar e ter gente comprometida na equipe, pessoas engajadas no time. Currículo é a folha de papel mais mentirosa que existe, pois a pessoa escreve o que quiser lá: "Sou bom nisso", "Sou *expert* naquilo", e por aí vai.

Quando eu ainda contratava ou participava do processo de seleção do pessoal, minha primeira pergunta era: "Quanto você ganha e quanto tem guardado no banco?". Se não tivesse recursos guardados, eu nem seguia com a conversa. Ora, mesmo com um currículo de dez folhas, se não sabe administrar bem o dinheiro, como iria administrar o da Gazin e o meu?

Com o trabalho na fazenda, retomei as contratações. Basicamente, as de lá sou eu que faço. Contratei três tratoristas que, mesmo se gabando de ter experiência, não duraram nem um mês. Um deles tinha alguns bens, mas depois percebi que trabalhava de quatro a seis meses numa fazenda e saía, levando uma boa indenização.

Contratar gente qualificada está muito difícil! Acompanhei um estudo realizado em conjunto pelo Boston Consulting Group (BCG) e a Federação Mundial de Associações de Gestão de Pessoas (WFPMA), no qual foram consultados perto de 7 mil líderes de RH que atuam nos mais diversos setores.

O resultado mostra que a carência de talentos qualificados é avaliada como o mais significativo obstáculo a ser vencido pelos gestores de Recursos Humanos (RH) no país. É realmente um ponto estratégico, tanto que a falta de profissionais capacitados no mercado preocupa mais de 70% dos líderes de RH.

Portanto, contratar gente qualificada e capacitada, com potencial de desenvolvimento e que sabe o que faz, é um problema geral das empresas. Na Gazin, temos um excelente plano de carreira e de qualificação de profissionais, procurando promover pessoas do nosso quadro de funcionários e já deixar novas lideranças prontas e preparadas para subir de cargo e assumir outras funções.

Este, caro leitor, é um trabalho incessante!

CAPÍTULO 3

O VAREJO E SUAS CONSTANTES TRANSFORMAÇÕES

Reflexos da pandemia no varejo

PANDEMIA... Eu li muito sobre a pandemia, as causas, a criação das vacinas e seus efeitos no combate à doença, as duras perdas, os impactos na população e na economia.

Dados da OPAS/OMS (Organização Pan-Americana de Saúde/ Organização Mundial de Saúde) apontam que entre 2020 e 2021 foram em torno de quase 15 milhões de mortes. Em 2023, o número de mortes passava de 20 milhões. Isso deixou o sistema de saúde dos países mais resiliente, para que possa oferecer e manter serviços essenciais e de informações da saúde durante as crises.

Particularmente, comparo a pandemia a uma guerra mundial. Na Segunda Guerra Mundial, entre 1942 e 1945, enquanto o combate acontecia na Europa, houve uma grande movimentação interna na economia dos países envolvidos no conflito.

Nos Estados Unidos, por exemplo, registrou-se a entrada da mulher no mercado de trabalho, ocupando os cargos deixados pelos homens que serviram o exército e foram enviados para a guerra, assim como a migração de trabalhadores para o campo. E, após o término da guerra, parte dos jovens que retornaram foram integrados profissionalmente pelo governo.

Os estragos que a pandemia causou ainda são incalculáveis, pois acredito que as estatísticas e estimativas mundiais não apresentaram a realidade vivida pelos países e povos com poucos recursos e estrutura, e que tiveram baixo ou nenhum acesso às vacinas.

Foram milhões de perdas de vidas que ocorreram em mais de 190 países. Além disso, a pandemia provocou sequelas físicas e emocionais significativas em muita gente.

Na economia e no comércio, os impactos foram inicialmente drásticos. Fechar as lojas e os estabelecimentos comerciais por meses, como no nosso caso, foi complicado e fatal em determinados segmentos. Muitos não aguentaram e encerraram as atividades.

No entanto, o pós-pandemia mudou o comércio, aproximando as pessoas do *e-commerce* e ainda mais as indústrias do consumidor. No fechamento do pedido, porém, o cliente ainda preza a confiança na marca e no vendedor. Consórcio é um bom exemplo disso: temos um dos melhores do mercado e quem compra conosco leva em conta a nossa história e confiança transmitida pela marca Gazin.

Agora, os estudos mostram uma tendência da retomada das ações do varejo físico.

É certo, porém, que, de forma presencial ou virtual, na loja física ou no *e-commerce*, as vendas acontecem! Um não funciona

Temos, então, de estar atentos aos movimentos e "surfar" nas ondas do varejo, algumas menores, outras maiores ou ainda enormes.

sem o outro; o *on-line* e o físico se complementam e é comum comprar pelo *e-commerce* e ir retirar o produto na loja física.

Um fato não pode ser desprezado: na loja física, consegue-se aumentar o ticket médio de compra. Você não apenas cria uma necessidade no cliente, mas ele também se convence de que precisa de algo mais.

Temos um altíssimo índice de vendas recorrente, ou seja, de clientes fidelizados que retornam para comprar conosco. Ao longo dos anos, acredito que a Gazin é uma das redes de varejo que mais facilita o crédito. Em torno de 40% dos clientes das regiões onde temos filiais não possuem conta em banco, atuando na economia informal.

Portanto, nossas metas envolvem preservar esses clientes e atrair novos consumidores, novos CPFs. E as melhores ferramentas são o marketing e a propaganda boca a boca.

Temos, então, de estar atentos aos movimentos e "surfar" nas ondas do varejo, algumas menores, outras maiores ou ainda enormes.

No passado, tínhamos praticamente poucas datas festivas como impulsionadoras das vendas. Criamos então no comércio fatores de alavancamento nas vendas, com datas propícias para presentear quem a gente ama, pessoas por quem temos carinho, admiração e respeito. Além do Natal, Dia das Mães, Dia dos Pais, Dia das Crianças e Dia dos Namorados, surgiram outras tantas com o tempo, como a *Black Friday* em novembro e a "Semana do Brasil", pela comemoração da Independência do país em 7 de Setembro.

E ainda precisamos criar o Dia da Viúva, Dia do Divorciado e tantas outras possibilidades de datas que existem. Internamente, nós da Gazin desenvolvemos uma atividade para cada dia da semana: segunda-feira cantamos o Hino Nacional, na terça-feira falamos sobre o DNA Gazin... e temos ainda o Dia do Vendedor, Dia da Gratidão, Dia D.

Na China, por exemplo, o "Dia do Solteiro", celebrado em 11 de novembro, conhecido como "Duplo Onze" (*Double Eleven*), teve origem em uma brincadeira entre universitários para festejar a solteirice. No entanto, essa "brincadeira" já chegou a ultrapassar as vendas da *Black Friday* e se tornou um grande evento para o varejo *on-line* do país, superando a marca dos R$ 140 bilhões.

A economia brasileira está indo muito bem. Nasceram milhões de empresas nos últimos anos. Só entre janeiro e agosto de 2023 foram abertas mais de 2,7 milhões de companhias, totalizando 21,8 milhões de organizações ativas em todo o território nacional. Destas, 93,7% são compostas de microempresas e empresas de pequeno porte.

Aqui vai uma dica para quem pensa em empreender: toda iniciativa ou novo projeto precisa ter um roteiro de ideias. O produto ou serviço que você vai oferecer precisa ser prático, aplicável, relevante e rentável!

Desde a minha adolescência eu ouvia os mais experientes dizerem: "O que não podemos é esperar que o presidente do país resolva todos os nossos problemas". O raciocínio continua atual, e será eterno, pois quem melhora as nossas condições e o país somos nós mesmos.

Uma mudança de governo pode ser comparada a um sapato novo. Quando você calça pela primeira vez, aperta um pouco. No outro dia, fica levemente mais confortável. E, com os passar dos dias, quanto mais se usa, mais confortável e amoldado aos pés se torna.

Assim é o sistema de governo. A cada quatro ou oito anos acontece uma mudança, e cá estamos nós! O Brasil é um país maravilhoso, apesar dos desvios de recursos financeiros e da burocracia. Acredito que talvez a reforma administrativa possa ajudar a amenizar esses problemas.

Tenho fé de que o Brasil vai melhorar. Chega desse papo furado de dizer: "O Brasil é o país do futuro". Esse é um futuro que nunca chega! Somos o país do presente e o mundo está de olho em nós, nas nossas riquezas minerais.

A regra é seguir a Economia Circular, na qual o desenvolvimento econômico está associado ao conceito sustentável, à otimização nos processos de fabricação. Reduzir, recuperar, reciclar e reutilizar materiais e energia são as palavras de ordem. Na Gazin, alcançamos 100% do consumo de energia limpa, que são renováveis e não poluem a atmosfera.

Foram criadas várias usinas de energia renovável, provenientes de fontes hídricas, eólicas, de biomassa e solares, entre outras, contribuindo para a redução significativa do impacto ambiental.

Essas iniciativas, assim como as de muitos proprietários de residências e empresas, que instalaram sistemas de energia solar, certamente nos livraram de sofrermos apagões no Brasil.

Com as secas dos anos de 2019 ao início de 2022, se não fossem essas ações, o Brasil teria parado, principalmente na região

Somos o país do presente e o mundo está de olho em nós, nas nossas riquezas minerais.

Sul do país, pela escassez dos rios. A Gazin mesmo montou algumas usinas de energia solar para 100% de consumo próprio.

Nossa realidade exige que as empresas estejam conectadas aos temas que envolvem o meio ambiente, a governança corporativa e as causas sociais. São pautas exigidas pelos consumidores e o mercado em geral, que, inclusive, cria certos benefícios às organizações alinhadas com os tópicos do ESG (Ambiental, Social e Governança).

Pode acreditar que, em alguns aspectos, estamos à frente dos Estados Unidos. Na última vez em que acompanhei o Congresso da NRF, fiquei impressionado com os problemas de internet: no centro de eventos havia rede 5G, mas não tinha sinal; dentro do hotel a internet não funcionava.

Vivemos um Brasil diferente e com grande espaço de crescimento e desenvolvimento estrutural. Temos muitas terras para serem cultivadas, e cada vez mais a tecnologia e a inovação elevam as capacidades produtivas delas, promovendo maior preservação do meio ambiente.

Há muitas décadas, quando meu pai e eu trabalhávamos na roça, na criação de gado se colocavam no pasto quatro animais por alqueire de terra; atualmente, nesse mesmo alqueire, criam-se oito animais.

Sugiro que você veja fotos e vídeos da sua rua há seis anos e faça uma comparação com as imagens de agora. Certamente, houve uma grande evolução: surgiram novas lojas e tipos de comércio, construíram prédios, casas foram reformadas, os vizinhos estão com carros bem melhores e mais caros.

A partir de 2019, a internet passou por grandes transformações. Muitas *startups* viraram empresas milionárias e bilionárias. Foi, sem dúvida, um verdadeiro *boom.* Participei de algumas palestras e eventos e notei que nem todos estavam familiarizados com o termo *startup*, que se refere a uma empresa nova.

Apesar do volume de dinheiro que algumas delas levantaram, nem todas alcançaram o mesmo sucesso. Pode-se dizer que foi como uma "bolha" que cresceu e estourou. No entanto, acredito que depois desse *boom* nasceram empresas mais elaboradas, sustentáveis e úteis ao ecossistema.

Há muitos anos temos a nossa loja virtual, mas apenas em dezembro de 2022 alcançamos 1% de lucro, percentual que se mantém desde então. Quantas vezes contratamos pessoas com o propósito de levar a loja virtual a dar lucros, mas o que elas diziam era: "O que vamos conseguir é reduzir o prejuízo".

Repensamos o nosso modelo de loja virtual e passamos a vender apenas onde conseguimos entregar, já que a logística é própria. Paramos de vender para todo o Brasil.

Para um negócio ser rentável leva mesmo um tempo: no caso do Banco Gazin, foram três anos até dar lucro; no caso das lojas novas, às vezes, leva um ano até chegar ao ponto planejado.

Mas o certo é que o varejo atual exige uma integração dos canais da empresa. Estou falando da *omnicanalidade*, que consiste no conceito de integração dos canais de comunicação e vendas da organização. A *omnicanalidade* permite convergir dois mundos: o físico e o digital.

Assim, pelo caminho da *omnicanalidade*, o cliente circula nos canais de compra sem empecilhos. Para isso, todos esses canais devem estar em alto nível de performance.

TENDÊNCIAS DO VAREJO

Sempre participo de discussões e eventos nos quais se debatem as tendências do varejo. Inclusive, todos os anos, estou com um grande grupo de funcionários da Gazin na NRF Retail's Big Show, em Nova York, nos Estados Unidos. A cada ano o evento atrai mais participantes.

Os pontos principais apresentados nas palestras direcionam para a experiência do cliente e as preocupações em solidificar conceitos de sustentabilidade, inclusão e humanismo no mercado.

A Inteligência Artificial foi também tema de apresentação e debate na NRF, assim como o Metaverso, explorando suas potenciais aplicações como tendências emergentes para comunicação e vendas no varejo.

Como registro, uma das boas palestras a que assisti foi ministrada pelo ex-astro do basquete norte-americano e da NBA, Magic Johnson. Ele contou do sério problema que enfrentou em 1991, ao descobrir que havia contraído HIV. Entre os pontos abordados, registro a indicação de que, independentemente do cargo ocupado, o profissional necessita de um mentor que o ajude a colocar metas para serem realizadas a cada três anos. E esse mentor vai cobrar para que essas metas sejam alcançadas. O próprio Magic Johnson contou que teve seis grandes mentores na trajetória.

Nós, da Gazin, temos especial atenção à comunicação transparente, ao desenvolvimento das pessoas, à diversidade e inclusão. Temos a consciência de que o nosso sucesso é enriquecido pelas contribuições únicas de cada indivíduo, seja ele funcionário, fornecedor, parceiro comercial, prestador de serviços... clientes! Sim, eles são o nosso objetivo maior e a razão da nossa existência e dos impactos positivos que buscamos causar na sociedade.

Criamos várias frentes de atuação, o que nos torna bastante ecléticos e versáteis. Temos a Gazin Varejo, com mais de 350 lojas, Gazin Atacado, Gazin Indústria, com mais de dez fábricas e vendas de colchões no Brasil e no exterior, Consórcio Gazin, Gazin Cred S/A, Gazin Auto Posto, Gazin Viagens, Gazin Seguros e atuação no Agronegócio. Ao todo, temos em torno de 420 unidades de negócios. Nosso projeto de sustentabilidade envolve cuidar do planeta, das pessoas e da nossa gente!

O varejo em geral é um importante segmento da economia em âmbito nacional, empregando muita gente. Temos uma missão social e inclusiva.

Há uma preocupação com sustentabilidade e as mudanças que ela pode provocar no mercado. Uma delas se refere às condições climáticas, que interferem em vários aspectos, como no agronegócio e na produção alimentícia. Para se ter ideia, nós sofremos muito por dois anos e meio com o clima seco. Depois, veio o calor intenso e a chuva fora do tom ideal. Isso tudo atrapalha o crescimento e a colheita, e como consequência, o valor dos alimentos aumenta substancialmente.

Os agricultores padecem para encontrar o ponto de equilíbrio e a estabilidade. Temos percebido que cada vez mais as condições climáticas têm impactado em aspectos da cadeia alimentar, que vão desde a colheita, logística até os hábitos dos consumidores finais.

Uma excelente ferramenta na tentativa de antever complicações e eventos extremos é a utilização da Inteligência Artificial. Nós mesmos reduzimos na Gazin o tempo de espera na fila do crediário por meio da IA. Você desenvolve ações para eliminar ou reduzir a complexidade do sistema utilizando a própria base de dados.

Nossa economia é volátil, não temos controle sobre ela, mas, apesar disso, o país cresce. Fica complicado, por exemplo, entender as oscilações do clima e da economia no Brasil. Mesmo assim, superamos essas adversidades.

Outro ponto bastante enfatizado diz respeito à inclusão e ao respeito à diversidade, abrangendo uma variedade de perfis e habilidades. Agindo assim, teremos empresas mais humanizadas e inclusivas.

O varejo físico e principalmente o digital são também preocupações nas abordagens. Os temas focam o cliente e suas experiências com o varejo. Mas é preciso entender que nós, comerciantes e varejistas, não estamos aqui para ensinar os clientes, e sim para conhecê-los cada vez melhor e aprender com eles.

Manter os clientes como centro das atenções exige grande entrega de todas as áreas da empresa. Isso requer mão de obra especializada, o que está cada vez mais difícil de conseguir e tem se tornado uma preocupação das organizações em geral; e também

Manter os clientes como centro das atenções exige grande entrega de todas as áreas da empresa.

Inteligência Artificial, para dar velocidade aos processos, facilitar as operações e diminuir os custos operacionais.

A frase "O cliente é o nosso patrão" servia para o passado, serve para o presente e continuará a ser atual no futuro!

Tivemos um grande *case* de sucesso no atendimento ao cliente protagonizado pelo criador da companhia aérea TAM, o comandante Rolim Amaro. Ele se tornou um dos gigantes da aviação por se notabilizar e diferenciar pela excelência no serviço prestado.

Lembro-me de que havia algumas companhias aéreas com passagens mais baratas, mas alguns consultores que contratávamos exigiam voar de TAM. Eles colocavam tapetes vermelhos para recepcionar os passageiros, e o comandante do voo sempre estava à espera para cumprimentá-los. O serviço de bordo era igualmente impecável.

Muitas vezes, o próprio comandante Rolim era quem dava as boas-vindas. Ele foi responsável por colocar a aviação brasileira literalmente nas alturas.

Entrando no tema do *e-commerce*, só depois de anos de atividades o Grupo Gazin passou a ter lucro com a loja virtual. Embora tenhamos encontrado o ponto de equilíbrio, a operação para o varejo representa um alto custo. Já em relação às lojas físicas, continuamos com a nossa meta de abrir vinte filiais por ano.

A NRF trabalha ainda o foco no cliente, na experiência que ele vai vivenciar quando opta por adquirir um produto de determinada empresa. Mas li um interessante estudo realizado pela Salesforce entre 2020 e 2022, o 5º State of Sales, com a participação de mais de 7.700 líderes de vendas, que alerta para a atuação do vendedor.

Sim, ele é decisivo na experiência do cliente, seja de forma presencial ou virtual, pelo *e-commerce*, quando o consumidor "conversa" com a "máquina", que deve ser ágil e ter respostas necessárias.

Certamente, aqui entramos no tema da Inteligência Artificial (IA), ferramenta que, se bem entendida e utilizada, pode impulsionar a eficiência e economia de custos. No entanto, esse é um campo ainda pouco explorado, pois o mesmo estudo apresentou que somente um terço das organizações de vendas utiliza IA. A previsão era de um aumento de 20% entre 2022 e 2024.

Aqueles que já fazem uso da IA afirmam que os ganhos são elevados, com ampla abrangência em todo o processo. Entre os pontos destacados, estão significativas melhorias na compreensão das necessidades do cliente, na visibilidade da atividade de representante de vendas, na personalização para os clientes, na compreensão da concorrência, entre outros.

Aliás, sobre concorrência, vale destacar a grande evolução conceitual que houve em relação ao tema. Há décadas, se havia um comércio de roupas ou de móveis, uma farmácia ou padaria num local, o concorrente deveria apenas se instalar bem longe dali.

Essa distância, porém, foi encurtando de quilômetros para metros, pois a concorrência passou a se instalar na mesma rua e, nos dias atuais, o concorrente está a poucos centímetros de nós. Em alguns municípios, o "vizinho" de parede de uma filial da Gazin é uma loja concorrente.

Ouso até dizer que cada vez mais o competidor não está fora, e sim dentro das nossas lojas. Isso porque, em primeiro lugar, se o consumidor for mal atendido, isso o levará para um concorrente. Além disso, com o alcance da tecnologia, o cliente pode facilmente abrir o celular e fazer uma pesquisa de preço enquanto está em nossa loja.

Há ainda o fato de que, pelas negociações de *e-commerce* e *marketplace*, o concorrente se torna a extensão da sua loja, pois o cliente pode comprar de uma rede e receber a mercadoria de outra.

Então, o importante é estar perto dos bons, daqueles que sabem negociar, que são profissionais e referências do mercado.

Conforme já mencionei, o Congresso NRF apresentou o tema da Inteligência Artificial, procurando conscientizar as pessoas de que a IA surgiu como uma aliada, para ajudar as pessoas, entre tantos pontos, na implantação e na velocidade dos processos, e não para tomar o lugar delas.

Certamente, algo tão revolucionário tem provocado significativas mudanças no mercado. No entanto, à medida que as pessoas entenderem melhor a ferramenta, igualmente melhor conseguirão fazer uso e tirar proveito dela.

É inegável que o varejo tem passado por constantes mudanças. E, na Gazin, acredito que estamos acompanhando com atenção esse processo e criando ações que se adequem ao nosso DNA varejista.

A tecnologia é a grande "matéria-prima", representa o "carvão" que alimenta a "fogueira". Por meio dela, conseguimos a integração de canais e segmentos, assim como uma melhor interação com o cliente.

A tecnologia é a grande "matéria-prima", representa o "carvão" que alimenta a "fogueira".

Algumas pesquisas mostram que, após a pandemia, as pessoas passaram a utilizar ou a ampliar o uso de aplicativos como meios de compras. Não se deve, porém, subestimar a importância do varejo raiz, o varejo físico. Pelo contrário, é essencial se preocupar em criar multicanais de vendas, para satisfazer os mais variados desejos dos clientes, oferecendo a eles facilidades e praticidades.

Há quem prefira as buscas pelos sites e as compras virtuais, mas muita gente ainda aprecia a conversa, a mão no ombro, o bom atendimento presencial e a preocupação do vendedor e do gerente em encontrar o melhor negócio para oferecer e satisfazer o consumidor.

CAMINHOS PARA SEREM SEGUIDOS

As mudanças e transformações têm ocorrido com frequência e velocidade cada vez maiores em todos os setores, e não apenas no varejo.

Um dos pontos de grande discussão é a Economia Circular, que objetiva a busca por processos sustentáveis na utilização de recursos, tendo como base o conceito de consumo consciente. Quanto mais jovem o consumidor, mais adaptado a essa metodologia ele está e mais ele preza os aspectos sustentáveis na decisão pela compra de um produto ou na escolha de determinada empresa.

É crescente o número de pessoas que buscam conhecer e estudar os fornecedores, avaliando seu comportamento e posicionamento em relação a questões ambientais, ações sociais e humanitárias.

O desenvolvimento do conceito Metaverso, que vem sendo tema das discussões nos eventos de varejo, têm sua melhor utilização no comércio ao aproximar, por meio da realidade virtual com a tecnologia 3D, o consumidor dos produtos, simulando assim a realidade que ele viveria numa loja física. No entanto, como já dito, o Metaverso caminha para ser cada vez mais um canal de vendas e comunicação com os clientes.

Empresas que oferecem uma integração entre diversos canais de vendas e comunicação também têm levado a preferência do consumidor. É o que o mercado chama de *Omnichannel*, ou Omnicanal.

Foi-se o tempo em que agíamos por instinto e impulso. Com tantos recursos disponíveis, o varejo torna-se mais assertivo em suas ações e tomadas de decisões com a utilização de uma base de dados, o que permite unir tendências de mercado, necessidades e preferências dos clientes, desenvolver processos e investir em estrutura, além de criar planejamento estratégico qualificado. Isso permite uma melhoria de resultados e de investimentos, além de custos mais baixos.

Embora já abordada neste livro, a Inteligência Artificial (IA) também se mostra decisiva na execução da transformação de dados em tarefas complicadas.

Outra tendência que vem ganhando cada vez mais espaço é a compra de produtos de segunda mão. Gerações como a *Z*, com nascidos entre 1995 e 2009, e a dos *millennials*, entre 1984 e 1995, têm se mostrado adeptas ao tipo de consumo que pode e deve ser considerado consciente.

Inclusive, chamou-me atenção a abertura de um belo brechó num shopping de São Paulo, muito bem montado e de bela arquitetura, expondo roupas e assessórios usados, mas com toque e visual de novo.

A própria Amazon abriu o espaço *Amazon Quase Novo*, no qual há mais de 40 mil produtos com a seguinte chamada: "Ofertas em usados e de caixa aberta." São produtos devolvidos pelos próprios clientes da Amazon, condição permitida até um mês após a compra e que, de acordo com a mercadoria, passa por revisão antes de ser disponibilizada para nova aquisição.

Há ainda empresas como a Armazém 7, que se autointitula como "O maior saldão do Brasil". A empresa compra o inventário de outras organizações e realiza as vendas pelo sistema virtual. O site ainda apresenta a seguinte proposta comercial: *Nossos produtos são procedentes de grandes negociações de saldos das grandes redes de lojas magazines, assim como produtos importados, grandes lotes arrematados em leilões públicos e privados e produtos provenientes de sinistros de seguradoras.*

Sem dúvida, são conceitos de vendas que atendem às tendências sustentáveis de reaproveitar ou redirecionar o consumo consciente.

Tenho presenciado também que a sustentabilidade é outro tema presente nas grandes discussões e eventos que envolvem o varejo. Se o consumo consciente está cada vez mais presente na

O aprendizado diário é importante, pois nos ajuda quando precisamos tomar alguma decisão e definir os rumos.

mentalidade dos consumidores, certamente a sustentabilidade e posturas condizentes com o ESG são cada vez mais necessárias e obrigatórias, pois representam uma conduta corporativa ideal!

Os consumidores têm cada vez mais procurado empresas que tenham valores alinhados com os deles. A preocupação e os investimentos em tecnologias de pagamento, segurança digital e a LGPD (Lei Geral de Proteção de Dados) são crescentes.

Os consumidores buscam métodos de pagamentos mais seguros e menos fraudulentos, práticos e ágeis para concluir suas aquisições. Com a aprovação da LGPD, ter e oferecer segurança digital é uma incessante luta que se aperfeiçoa constantemente, em especial, com as vendas *on-line*. A grande preocupação das empresas é com a segurança no armazenamento de dados.

As mídias sociais, como *Instagram, Linkedin, Facebook, TikTok* e *WhatsApp*, apresentam-se cada vez mais como canais de comunicação, interação, conquista de clientes e vendas, com a exposição de produtos.

Se a pandemia acirrou o interesse ou a necessidade de comprar virtualmente, o fim dela resgatou a busca pelas lojas físicas.

Nos diversos setores, aqueles que já tinham lojas vêm ampliando a rede, e os que ofereciam produtos apenas pela internet passaram a investir em lojas físicas. Cá entre nós, os brasileiros apreciam uma boa conversa e o atendimento tête-à-tête.

Mesmo já tendo sido abordado de várias maneiras, testemunhamos cada vez mais investimentos em Gestão de Relacionamento com o Cliente, também conhecido como Customer Relationship Management (CRM). Essa plataforma disponibiliza meios tecnológicos para administrar a interação com os clientes, criando canais diretos e mantendo-os como foco do negócio.

Outros pontos e tendências do varejo que merecem atenção são: varejo sem atrito, que oferece uma experiência de compra ágil e sem burocracias; tornar o ambiente da loja múltiplo, oferecendo opções de entretenimento, como uma área de café ou mesmo leitura como fazem algumas livrarias, espaços de palestras técnicas sobre determinados produtos ou culinária, entre outros; entregas rápidas também atraem os clientes, em especial, quando se consegue satisfazer o desejo ou a necessidade dele horas depois da compra, o que exige um perfeito projeto logístico; comércio conversacional, no qual simultaneamente à compra o consumidor recebe suporte em tempo real por meio de aplicativos, assistentes de voz, *chats* ou outras plataformas, e que tem se mostrado fator decisivo na hora da finalização da compra.

As investidas objetivam tornar o ambiente das lojas ainda mais atrativo, rentável e competitivo. Tudo com o propósito de fazer valer a pena sair de casa e de superar as expectativas dos clientes, tornando as experiências inesquecíveis a ponto de eles desejarem revivê-las.

E, claro, os formatos devem ser adaptados às demandas de consumo, cultura da região e perfil do consumidor.

Esses são alguns tópicos que o mercado já pratica. Outros vêm sendo desenvolvidos para serem colocados em prática.

A tudo isso, somam-se as preocupações das empresas e dos consumidores aos aspectos de alimentação, condicionamento físico, saúde mental, vida saudável, entre outros.

PERSISTA QUE DARÁ CERTO

Persistir... Se você não crer, se esforçar, criar metas, enfrentar e vencer os desafios, fica difícil chegar aonde planeja. As dificuldades e os problemas fazem parte da vida do empreendedor, ou mesmo de quem desenha uma carreira executiva no mercado corporativo. Quem empreende não se acomoda nunca!

São aprendizados dos contratempos que nos trazem amadurecimento. Por isso, reforço a importância de ter bons amigos confidentes, consultores e mentores.

No passado, eu recorria ao pessoal com mais tarimba para me aconselhar. Hoje, inverti esse papel e sou eu quem orienta os mais jovens. E aprecio muito essa troca, pois também aprendo com eles.

Empreendedor não pode ficar em cima do muro, deve se dedicar de corpo e alma, e estar constantemente envolvido com as tomadas de decisões.

Por isso, o aprendizado diário é importante, pois nos ajuda quando precisamos tomar alguma decisão e definir os rumos.

Muitas vezes escuto: "Mário, você é louco!". Essas palavras geralmente vêm acompanhadas da ideia de que estou seguindo caminhos que outros não consideram ideais. No entanto, fico feliz ao ouvir isso, pois essa é uma característica de quem empreende; afinal, segundo o ditado: "De louco e empreendedor, todos nós temos um pouco...".

Se você não crer, se esforçar, criar metas, enfrentar e vencer os desafios, fica difícil chegar aonde planeja.

O único erro do ditado é que, para quem segue esse rumo, é necessário ter muita essência de empreendedorismo correndo nas veias.

Basta bater os olhos em alguém para definir se a pessoa é ou não empreendedora. Meu pai sempre dizia: "Esse meu filho Mário é diferente".

Não existe receita ou fórmula pronta para quem quer empreender. Tudo começa com uma boa ideia, convicção e atitude. Com esses componentes, e mais outros tantos, você pode ter sucesso em um negócio ou na carreira.

Quando a empresa é pequena, ela é mais ágil e absorve aprendizado rapidamente, mas os erros podem ser fatais. Por isso, muita atenção quando começar um negócio. Já uma empresa grande tende a ser mais lenta, a informação demora mais para chegar, mas geralmente possui "musculatura" para suportar alguns equívocos cometidos.

Quando comecei a Gazin, tive de enfrentar de cara um enorme desafio: meu ex-patrão, de quem comprei a loja, quebrou e ficou devendo no mercado, e isso comprometeu o meu crédito. Os fornecedores diziam: "Se o ex-patrão dele quebrou, o Mário vai quebrar também". Mesmo assim, consegui contornar aos poucos, pagando à vista e reconquistando a confiança dos fornecedores.

No entanto, surgiram outros problemas, que exigiram novas soluções, como falta de produtos e de capital de giro. As mercadorias, como televisor, geladeira e liquidificador, eram caríssimas. Tínhamos de trabalhar e conquistar cada vez mais clientes para sair dessa situação. E conseguimos!

E nessas mais de cinco décadas desde a criação da Gazin, em 1966, os ciclos que provocaram mudanças têm sido cada vez menores. Atualmente, vivemos a transformação de tecnologia e inovação. Com isso, mudam o mercado, as empresas, o sistema financeiro, os consumidores.

Mas será que estamos prontos para esse mundo atual e todos os desafios, novidades e incertezas que surgiram?

Empreender num mercado volátil, incerto e complexo é um ato de heroísmo. É preciso gostar de pessoas e entender o que elas apreciam e do que precisam. Você não pode fazer do seu jeito, e sim daquele que agrada a quem vai adquirir os seus produtos ou serviços.

Não confunda empreender com *hobby*. Empreender é pensar fora da caixa, ter antevisão dos fatos, transformar problemas em oportunidades. Quem empreende, o faz por necessidade ou oportunidade.

Quando se fala em empreender no Brasil, precisamos potencializar cada uma das características e virtudes que o empreendedor deve ter.

Além disso, se você deseja empreender, aprenda a conviver com perdas e prejuízos. Claro, buscamos minimizá-los e eliminá-los, mas em algumas oportunidades o número que está depois do traço pode ser vermelho, de déficit, e não azul, de lucro, como gostaríamos.

Infelizmente, não temos escolas de formação de empreendedores; elas são conceituais e não trazem o espírito e a essência.

A melhor das escolas de empreendedorismo é o mercado, pois cada negócio tem metodologia e características próprias.

Quem empreende é um eterno aluno, mas também um eterno professor. Aprende e ensina a cada instante!

Mário Gazin sempre recebe o carinho dos colaboradores.

Homenagem prestada pela Associação Comercial de Curitiba, com a criação do Miniauditório Mário Gazin, na sede da entidade.

Homenagem Tradição ao Comércio, recebida por Mário Gazin das mãos do governador do Paraná, Ratinho Jr.

Comenda Madeira Mamor, concedida a Mário Gazin pelo prefeito de Porto Velho, Hildo Chaves.

Mário e colaboradores da Gazin aguardando a abertura do auditório para se acomodarem na primeira fila, algo que sempre acontece nos eventos.

A Gazin expõe seus produtos em inúmeras feiras e eventos do setor.

As árvores de Eucalipto da borda são mais resistentes do que as que se posicionam internamente.

Pé de jabuticaba, no qual os frutos ficam grudados nos troncos.

Projetos do Instituto Mário Gazin - Projeto Cine Gazin.

Projeto Codifica Jovem.

Projeto Era Uma Vez o Natal.

Projeto O Rio Tá Pra Peixe.

Projeto Pintando o 7, com a Apae.

Caminhão do Instituto Mário Gazin.

PodMário - Empreendedorismo sem frescura, com Mário Gazin. Podcast gravado com Michely Tonhi, no qual um tema é abordado em cada edição.

O ex-astro do basquete norte-americano, Magic Johnson, durante palestra na NRF.

Mais um prêmio para a Gazin concedido pelo Great Place to Work.

As mensagens de otimismo fazem parte da Cultura Organizacional da Gazin.

As balas que o vendedor de consórcios, Gleison Alves Pereira, o popular Balinha, presenteia clientes e amigos.

Mário Gazin tem por hábito visitar as lojas do Grupo espalhadas pelo Brasil.

O sempre bem-humorado e de alto astral, Mário Gazin.

Mário Gazin e a alegria de empreender, aprender, vivenciar as pessoas, viajar e curtir a natureza.

CAPÍTULO 4

A RESPONSABILIDADE SOCIAL

Capitalismo consciente

NÃO FORAM POUCAS as vezes que ouvi: "Mário, tire a Gazin de Douradina. Se continuarem aqui, vocês não irão crescer. Vão precisar de muitos profissionais e de gente especializada. E onde irão encontrá-los?".

Apesar de levar em consideração em algumas oportunidades, nunca dei ouvidos ao pessoal que me ofereceu esse tipo de conselho. Como já disse, conselho é bom, mas precisa ver se é possível utilizá-lo no seu caso e contexto.

Eu e meus irmãos apostamos no município, investimos e qualificamos o povo de Douradina e região. E nunca nos arrependemos disso.

Trabalhamos com gente que ama a Gazin, o município e praticamos aquilo que se chama de Capitalismo Consciente: geramos empregos e riqueza, respeitamos a natureza, entendemos a responsabilidade que temos e representamos no ecossistema, movimentamos uma cadeia de negócios e temos uma Cultura Organizacional humanizada.

Prova disso é que, pelo Great Place to Work, que desenvolveu o Ranking das Melhores Empresas para se trabalhar no país, na categoria das "Grandes Empresas do Brasil", ficamos em terceiro lugar, atrás de dois bancos. Já no grupo das Melhores Empresas para se trabalhar no Brasil-Varejo, conquistamos o primeiro lugar e fomos novamente a número 1!

No caso da Gazin, o compromisso de se manter uma empresa do nosso porte num pequeno município, com pouco mais de nove mil moradores, é enorme e acarreta uma carga significativa. Um empresário local, que inclusive era nosso vizinho, chegou a empregar cerca de mil funcionários, quebrou e provocou uma devassa econômica e social no município.

Contribuímos significativamente para a renda de impostos de Douradina. Boa parte da economia da cidade, e também dos arredores, se sustenta das necessidades geradas pelos nossos funcionários e pelo Grupo Gazin. Isso inclui diversos estabelecimentos, como hotéis, lojas de roupas e variedades, restaurantes, supermercados, escolas, farmácias, cabeleireiros, entre outros.

Temos um time de profissionais de altíssimo nível. Somos criteriosos nas contratações. Como já disse, garimpar pessoas é mais difícil do que garimpar ouro. Reter talentos, então... Constantemente, nossos funcionários são assediados por outras empresas, mas nossa rotatividade é considerada dentro dos padrões exigidos e nossa meta é mantê-la na ordem de 20%.

Registro aqui uma pesquisa, a Engaja S.A., realizada pela Fundação Getulio Vargas em conjunto com a Talenses Group e a

Flash, empresa de benefícios, para avaliar o grau de engajamento dos funcionários das empresas.

O estudo baseou-se nos seis principais fatores que influenciam nesse índice: ambiente de trabalho positivo, significado no trabalho, confiança na liderança, boas práticas de gestão, oportunidades de crescimento e remuneração.

Ao todo, mais de 1.700 pessoas foram entrevistadas, distribuídas por algumas regiões brasileiras e representando diversos cargos nas organizações. Seguem os dados:

1. Ambiente de trabalho positivo: 57% engajados, 39% desengajados, e 4% ativamente desengajados;
2. Significado no trabalho: 55% engajados, 40% desengajados, e 5% ativamente desengajados;
3. Confiança na liderança: 49% engajados, 36% desengajados, e 15% ativamente desengajados;
4. Boas práticas de gestão: 48% engajados, 36% desengajados, e 16% ativamente desengajados;
5. Oportunidades de crescimento: 46% engajados, 35% desengajados, e 19% ativamente desengajados;
6. Remuneração: 41% engajados, 41% desengajados, e 18% ativamente desengajados.

Li também alguns estudos feitos por institutos dos Estados Unidos que mostraram um grave problema de engajamento nas empresas. Dentro das análises: 20% dos funcionários falam mal, criticam e denigrem a companhia para os colegas; 50% entregam exatamente aquilo que se espera deles; 30% são engajados e encantam pela entrega e resultados apresentados.

Portanto, funcionário desengajado causa sérios problemas não só de produção e relacionamento nas empresas, mas também financeiro. Conforme o relatório State of the Global Workplace: 2022 Report, da Gallup, projeta-se que o desengajamento nas organizações provoque perdas da ordem de US$ 8,8 trilhões em produtividade, o equivalente a 9% do PIB global.

Assim sendo, há um grande campo a ser trabalhado mundialmente em relação a elevar o grau de engajamento nas empresas. Na Gazin, temos bons números em relação ao engajamento dos nossos funcionários, resultado direto de nossas práticas. No entanto reconhecemos que podem e devem ser melhorados.

Acredito ainda que, dentre os engajados, haja em torno de 10% que são empreendedores e aptos para assumir cargos de comando e liderança. E isso é muito importante, pois, quanto mais empreendedores você tiver na sua empresa, mais ela voa, mais ela anda com firmeza, criatividade, talento, estrutura e está apta para adaptações e processos.

Recebi também um estudo da Randstad, empresa especializada na consultoria de contratar talentos, no qual milhares de profissionais de Recursos Humanos foram entrevistados, e os números são assustadores: 39% dos colaboradores das empresas não querem promoções e estão felizes em seus empregos; 33% não querem assumir as responsabilidades dos cargos de gerência, o que manifesta desinteresse pelos postos de liderança.

Essa situação é muito preocupante, pois não visualizo uma reversão favorável do quadro. Isso significa que a cada dia menos pessoas estarão interessadas em promoções e postos de gerência e liderança. Ou seja, em assumir maiores responsabilidades.

Portanto, na Gazin, acreditamos e praticamos o capitalismo social. Na minha visão e na de tanta gente, isso significa que os conceitos do capitalismo e do socialismo estão cada vez mais se aproximando.

ERROS

Erros... Quem nunca os cometeu?

Há certa idolatria em relação ao sucesso. Parece que quem triunfa não fica gripado, não sente fome, não tem dor, não vive problemas pessoais. Parece que quem triunfa não erra!

Na minha vida empresarial, cometi vários erros. Obviamente, eles aconteceram na ânsia de acertar. Quando começamos a nossa carreira ou abrimos uma empresa, devemos estar muito atentos aos erros, pois uma empresa pequena não suporta um erro grande. E essa mesma premissa se aplica a uma companhia que fatura bilhões!

As empresas morrem pelo caixa. Pode haver riqueza patrimonial, marca, capacidade de produção, prestígio, boa linha de produtos; no entanto, se faltar caixa, quebra.

Os maiores erros que presenciei na vida aconteceram com empresas que tinham excesso de caixa. Isso porque, com o caixa cheio, você aceita realizar negócios que em condições normais não faria. Será que você "pechincha" e negocia na "maré alta", assim como o faz na "maré baixa"? E quando é que você comete as extravagâncias nas compras? Quando está com ou sem dinheiro? Não há como negar que, quando estamos com mais dinheiro no bolso, ficamos também mais desatentos e mais ansiosos pelas aquisições.

Por falar em ansiedade, esse é outro componente que leva ao erro.

Os extremos são perigosos. Quando você alcança um objetivo, essa é a hora de respirar fundo, manter-se equilibrado e esperar para repercutir ou colher os louros da vitória num momento mais oportuno, num ambiente diferente da tensão. E, se você não alcança os objetivos, também deve ser precavido nos atos, posturas e comentários.

Certamente, você já assistiu a várias partidas de futebol. O jogador do time que aplica uma goleada no adversário corre o risco de se atrapalhar com as palavras, se emocionar, dizer um palavrão, tal o elevado estágio de ansiedade em que se encontra. Agora, imagine entrevistar um jogador da equipe goleada. Ele pode criticar o juiz, o adversário, o colega, o técnico, xingar...

Em ambos os casos, embora com emoções distintas, o ideal seria que os jogadores fossem para o vestiário, tomassem banho e depois, com a cabeça fria, pudessem analisar o resultado com mais razão e menos emoção.

Esse é o mundo corporativo! É assim que o executivo de uma empresa provavelmente agiria. De forma analítica, fria, racional.

É necessário ter cuidado para não despejar um "caminhão de batatas" em cima da oportunidade, quando se deveria colocar as "sacas de batatas" gradualmente.

É necessário ter cuidado para não despejar um "caminhão de batatas" em cima da oportunidade, quando se deveria colocar as "sacas de batatas" gradualmente.

Você deve pensar na solução do problema antes que ele apareça ou se agrave. Deve estar pronto e preparado para enfrentar situações novas.

Contratamos o seguro do carro antes ou depois de uma batida, de um acidente? Você fecha com um plano de saúde antes ou depois de precisar de um médico, de uma cirurgia? Nos dois casos, a resposta é "Antes!". A seguradora não assumirá ou aceitará contratos para carros batidos, assim como o plano de saúde recusa cliente que tem doença preexistente ou não se responsabiliza por cirurgias previamente marcadas antes de fechar contrato. Seguro de carro e plano de saúde são contas que pagamos e serviços que rezamos para não precisar utilizar.

Há casos em que as pessoas são induzidas ao erro. É ainda pior quando alguém, além de não aprender com o erro, faz a famosa "caça às bruxas", tentando encontrar explicações e culpados para justificar os próprios erros.

Cada vez mais o acesso às informações nos dá a oportunidade de entrar numa profissão, de empreender. E com margens de riscos e de erros menores. Um exemplo são os modelos das franquias, que permitem às pessoas empreender munidas de informações sobre o negócio, o mercado e atuando com mais segurança.

A percepção dos problemas também está evoluindo. Antes, os médicos de família descobriam as doenças nas consultas por meio de conversas e exames de consultório: apertava daqui, apertava dali. O conhecimento, a sensibilidade e a ficha do cliente já bastavam. Agora, os médicos, para saberem o que você tem, prescrevem uma dúzia de exames, pedem um *check-up* e descobrem tudo! E as máquinas laboratoriais estão cada vez mais precisas.

Antes, o engenheiro devia saber calcular uma viga, mas foram desenvolvidos programas de computador nos quais você apenas insere os números e o cálculo sai pronto. Houve transformação no modelo do ensino.

A revolução do conhecimento é também proporcionada pelos *smartphones*, aparelhos cada vez mais sofisticados, convergentes e cheios de recursos. Esses sim são grandes vilões dos erros. Se você está numa sala de aula e o professor "chuta" uma resposta, se um palestrante passa uma informação errada, se um executivo se equivoca no conceito de gestão... Na mesma hora você entra na internet pelo celular e descobre se aquilo que a pessoa disse está correto ou não.

Justamente a *internet*, tão precisa em desvendar erros, também serve de ferramenta para remeter ao erro, o que chamamos de "fake news".

Cuidado com o que você fala, escreve, fotografa e compartilha. As pessoas estão muito mais vulneráveis em função disso.

SEM MÁGOA OU RANCOR

Certa vez, li com grande interesse uma obra sobre o modo de conduta dos japoneses: *Xógum – A gloriosa saga do Japão*, de James Clavell. É um livro que apresenta, entre outros temas e enredos, detalhes sobre a cultura japonesa e suas diferenças em relação aos orientais, assim como o tipo do comportamento do povo japonês, quando as emoções e os sentimentos estão envolvidos.

No livro, uma das personagens ensina a guardar emoções e sentimentos em "escaninhos", tirando-os do "bloco principal" da memória e do coração. Seria como colocá-los em gavetas e, quando necessário relembrar, abrir apenas uma ou algumas gavetas desejáveis.

Isso é o correto! Que bom seria se não poluíssemos os nossos pensamentos com certas recordações tristes e melancólicas de algo que aconteceu na nossa infância ou adolescência. E isso acaba influenciando negativamente.

Mesmo que de forma nada intencional, acabei desenvolvendo esse método. Provavelmente, esse seja o motivo de eu ter me identificado tanto com aquela leitura. Eu já tinha criado há muitos anos o meu "arquivo morto". E tudo que coloco lá representa "página virada" na minha vida.

As pessoas me perguntam sobre os momentos mais desagradáveis que vivi. No entanto, acredite que eu realmente não os relembro em detalhes. Tenho uma memória incrível, mas os fatos que me desagradam procuro "guardar" nos meus "escaninhos"!.

Você já deve ter percebido que sou um otimista nato! O que é daninho não me interessa. Ajuda muito quando você consegue colocar racionalidade no seu arquivo. Isso evita desgastes em situações do presente e do futuro. Você não esquece a parte macro da história, mas não remói o que já não pode mais mudar. Consigo gerenciar muito bem essa situação, e isso me ajuda de forma positiva.

O que não devemos fazer é criar expectativas que estejam acima do nível esperado, pois possivelmente nos decepcionaremos com a realidade da situação.

Às vezes, você se decepciona com uma pessoa, mas isso não impede de tratá-la de forma civilizada. Pode não querer empregá-la, ter sociedade ou amizade com ela, mas não precisa desrespeitá-la! Essa é uma postura de civilidade.

Percebo que, às vezes, essas mesmas pessoas se surpreendem ao serem cumprimentadas. Certamente porque não tomariam a mesma atitude se a iniciativa tivesse de partir delas.

Sabe como analiso as pessoas? Costumo avaliar a história delas e traço uma linha formando duas colunas: de um lado estão os *prós* e do outro os *contras*. E, muitas vezes, faço essa análise acrescentando certas probabilidades.

Isso o ajuda a se decepcionar menos em relação ao próximo. Se um indivíduo falhar comigo, certamente eu já havia detectado essa possibilidade na minha "contabilidade". E, se ele me surpreender positivamente, também acredito que já havia indícios suficientes de que do lado de lá poderiam vir atitudes boas.

O que não devemos fazer é criar expectativas que estejam acima do nível esperado, pois possivelmente nos decepcionaremos com a realidade da situação. E isso é muito difícil de controlar, já que tem relação com ansiedade.

Gosto de uma frase de Howard Schultz, que por mais de duas décadas foi presidente e CEO da Starbucks: "Prometa menos e entregue mais".

Você deve ter um objetivo desafiador e mostrar isso ao mercado. E a sua imagem e o seu poder de realizar metas têm grande valor frente ao segmento.

UM SONHO PARA VIVER ACORDADO

Vivo um momento especial. A empresa está muito bem, sólida, com gestores de grande credibilidade e competência. Por isso, permito-me estar afastado das atividades do Grupo Gazin, mantendo-me como acionista, e fazer aquilo de que gosto: viajar, visitar as lojas, ir a eventos, palestrar e curtir e trabalhar por um bom tempo nas fazendas que tenho no Mato Grosso do Sul, onde cultivamos agricultura e pecuária.

Gosto tanto da vida rural que penso em comprar mais um tanto de terra. Uma das minhas cunhadas sempre diz: "Você não tem juízo, Mário!". E eu me divirto com isso.

Vivenciar a fazenda e trabalhar nas atividades rurais me deixa feliz. Tenho saúde, gosto do que faço e estar lá me faz feliz. E a felicidade é algo muito pessoal.

Como em tudo que realizo na vida, a fazenda não é passatempo. Produzimos bastante. Cheguei a trabalhar dois dias e duas noites sem sair do trator, parando apenas para abastecer e me alimentar. Não há outro caminho.

Os investimentos são significativos e os resultados precisam justificar tanto esforço e capital empregados. Principalmente, quando há contratempos: safra abaixo do esperado, escassez de chuva, pragas na colheita. Certa vez, plantamos um pasto muito lindo, mas as lagartas comprometeram toda a área e tivemos de replantar.

O trabalho devolve muitas conquistas para todos nós. E estamos sempre em defesa de algo: um negócio, uma posição, levar a melhor sobre o concorrente, um processo de melhoria. Temos de agir, decidir e nos posicionar constantemente.

Depois que decidi me afastar da Gazin, deixei de ter com quem dividir as minhas emoções: anseios, incertezas, medos, desejos, dúvidas... sonhos!

Sim, ainda tenho muitos sonhos, e todos eles envolvem a Gazin e as pessoas. Minha família, meus filhos amados, nossos clientes, os mais necessitados, os amigos.

Então, como muitas vezes falta quem me incentive, aprendi na fase atual da vida a me automotivar.

No entanto, sei o quanto amo as pessoas e, sem falsa modéstia, consigo medir também o quanto elas me respeitam, admiram e amam estar ao meu lado.

Aos 75 anos, acredito que esta seja a fase mais saudosista e também emotiva da minha trajetória. Consigo avaliar o que já realizei e o que me falta fazer. Há, porém, um conflito entre o que me falta fazer e o que quero fazer! A segunda opção deve predominar.

No meu atual momento de vida, eu me pergunto: "O que eu quero da vida?". Antes, a pergunta era: "O que a vida quer de mim?".

No meu atual momento de vida, eu me pergunto: "O que eu quero da vida?". Antes, a pergunta era: "O que a vida quer de mim?".

VAI UMA BALINHA AÍ?

Se eu tivesse de agradecer e parabenizar meus filhos amados, por tudo que eles fizeram e fazem por mim e pela Gazin, precisaria de centenas, milhares de páginas para escrever os nomes dessas pessoas tão especiais. Adoro me reunir com elas e alguns convidados, e preparar a já tradicional "Janta do Seu Mário".

Na Gazin, nosso time de frente é de altíssima competência. Além dos já citados anteriormente, como o Osmar Della Valentina e o Gilmar Alves de Oliveira (Gil), faço referência ao Aparecido Benedito dos Santos (Cafu), Diego Henrique Garcia Soriani, Edson Oleksyw, ao meu assessor direto Gabriel Buzinhani, Julio Cesar da Silva, Luiz Aparecido Custódio, Paulo José da Silva, Viviane Thomaz, entre outros.

E apresento também meus amados irmãos: Rubens, Jair, Cidinha e Antonio (Doia), e o meu querido cunhado João, que, infelizmente, não está mais entre nós, mas me faz muita falta.

Contarei aqui a história de um dos nossos funcionários e, assim, peço a todos a quem amo e sou grato que se sintam homenageados.

Esse meu filho amado, Gleison Alves Pereira, o popular "Balinha", é um exemplo de luta, perseverança, amor e dedicação ao trabalho, e de que, com empenho e engajamento, conquistamos tudo aquilo que queremos e sonhamos.

Aliás, escolhi registrar a história do "Balinha", pois ela se assemelha à minha em alguns aspectos.

Por que "Balinha"?. A explicação é simples: ele é um dos mais brilhantes vendedores que temos e anda com os bolsos cheios de balinhas personalizadas para presentear os clientes e amigos. Ele diz: "Se comprar um consórcio comigo, ganha um presente!". E quem é convencido por ele, recebe e saboreia uma balinha. São sacos e mais sacos de balas comprados por mês para distribuir e presentear as pessoas.

Ele nasceu em Cacoal, Rondônia, ficou órfão de pai aos 5 anos e logo começou a ajudar a mãe, cozinheira no quartel da cidade, com as contas.

Assim como eu, ele foi engraxate e, certo dia, como não conseguiu nenhum cliente, aceitou engraxar uma bota de fazendeiro por CR$ 0,25, para conseguir levar umas moedas e não chegar de mãos vazias em casa. Perceberam? Aceitou receber pouco naquela situação, mas não passou um dia sem produzir e ganhar dinheiro.

Trabalhou também em sorveteria, bicicletaria, depois em algumas empresas um pouco maiores, onde estreou e se deu bem já na área de vendas. Conheceu a esposa em 2007 e, depois de um ano de namoro, eles se casaram e têm dois filhos: o João Lucas e o Augusto.

O casal tem direcionamento, é religioso, ama Deus e participa da comunidade da igreja.

Em 2010, a irmã dele, que trabalhava numa operadora de telefonia e prestava serviços para a Gazin, o indicou para uma vaga de vendedor na nossa loja de Cacoal.

O "Balinha" me contou que foi até a filial, conversou com o gerente e ficou meio receoso, pois era para vender consórcio, seguro e garantia estendida, mas aceitou o emprego.

Disse ainda que depois foi com a esposa à igreja, em busca de uma resposta e confirmação Divina. Pois a palavra de Deus que ele ouviu naquele dia foi: "A porta que abro, ninguém fecha".

Então, dia 5 de maio de 2010, o rapaz iniciou na Gazin. E já começou batendo a meta e sempre superava as expectativas de vendas.

Em primeiro de janeiro de 2011, recebo a seguinte mensagem no celular:

"Feliz Ano Novo, senhor Mário Gazin. Que Deus o abençoe muito neste ano de 2011. Abraço do vendedor Gleison - Filial 57, Cacoal, Rondônia". Um dos colegas dele passou o meu celular, que tenho mesmo o hábito de compartilhar.

Fiquei muito feliz com a gentileza do rapaz, e respondi:

"Muito bom dia, meu amado filho. Feliz Ano Novo e vamos quebrar tudo neste ano" - frase que gosto de dizer numa alusão a produzirmos bastante.

E desde esse dia, eu e o "Balinha" sempre trocamos mensagens. Certa vez, depois de algum tempo, passei em Cacoal e levei a turma toda da loja para comer pizza, e então conheci pessoalmente o "Balinha".

No meio do encontro, ele se levanta e grita: "Mário Gazin... o melhor patrão do Brasil!".

Esse rapaz se tornou o maior vendedor de consórcios da Gazin. Esse meu filho amado produz mesmo, sem dó! Dá uma balinha aqui... outra ali... e lá vai consórcio sendo fechado.

O gerente pode até motivar, mas a vontade de produzir precisa partir do vendedor. O "Balinha" faz a diferença e dificilmente ele fica um dia sem vender consórcio.

Assim com muitos outros filhos amados, o "Balinha" me chama de "Pai Mário". Eu já o levei para várias "Viagens com o patrão", um programa de incentivo para aqueles que batem as metas e se destacam nas vendas e na empresa.

Estivemos juntos no Paraguai, na Argentina, no Uruguai e nos Estados Unidos, onde o "Balinha" nos acompanhou nas edições da NRF, em Nova York.

Ele sempre diz: "Eu sou a história de um menino humilde, engraxate, que venceu na vida graças ao melhor patrão do Brasil".

E eu sempre digo: "A Gazin é a história de um menino pobre e humilde, que foi engraxate, padeiro, garçom, abriu uma pequena loja que prosperou e mudou uma região, e construiu ao lado dos irmãos uma das mais sólidas redes de varejo e grupos empresariais do Brasil, graças ao empenho e dedicação dos meus filhos amados!".

INSTITUTO MÁRIO GAZIN

Sinto enorme honra em termos um instituto comandado pela nossa empresa e que leva o meu nome: o Instituto Mário Gazin.

Uma das frases que aprecio está estampada na página inicial e nas internas do site: *O futuro é um filho que cuidamos hoje*! Pensar e cuidar das pessoas e do futuro delas é o nosso propósito, está no nosso DNA.

O Instituto Mário Gazin nasceu em 2022. Temos como presidente o Edson Oleksyw, gerente de marketing do Grupo Gazin, como vice-presidente a Viviane Thomaz, gerente-geral administrativa da empresa, e o coordenador-geral é o meu assessor direto, o Gabriel Buzinhani.

Com a ajuda dos nossos parceiros, objetivamos proporcionar um futuro melhor por meio de ações sociais, culturais, ambientais, educacionais e esportivas, pautados em cinco Pilares, sendo eles:

- Cuidar do meio ambiente.
- Agir pelas nossas pessoas.
- Dar acesso à cultura.
- Com o esporte, formar cidadãos.
- Fazer da educação a prioridade.

Pensamos e prezamos pelo bem-estar das pessoas. Nossa missão é oferecer a elas uma melhor qualidade de vida, alegria e oportunidades. Assim, elas passam a fazer parte de uma corrente do bem, disseminando as mesmas ações e sentimentos, colaborando na construção de um mundo ainda melhor e mais desenvolvido.

Nossas ações visam desenvolver campanhas de apoio às instituições, arrecadar doações e prestar serviços gratuitos à comunidade.

Alguns dos nossos projetos desenvolvidos são:

* *Pintando o 7 com a APAE* – Durante o mês de julho, uma parte do montante de vendas é destinada para as APAEs, em especial as que estão em municípios onde há lojas Gazin; também são feitas arrecadações, que são igualmente doadas para as APAEs.

O futuro é um filho que
cuidamos hoje!

* *Cine Gazin* – Por meio da Lei de Incentivo à Cultura (Lei Rouanet), com realização da Cepar Comunicação em parceria com a Cepar Cultural, desenvolvemos uma sala de cinema, instalada dentro de uma carreta, que circula pelo Brasil levando entretenimento às pessoas.

* *Era uma vez o Natal* – O projeto, com patrocínio via Lei de Incentivo à Cultura, é representado por um musical, com produção do Circo Teatro Sem Lona, apoio do Núcleo Cultural e realização da Secretaria Especial da Cultura, Ministério do Turismo, Governo Federal e Pátria Amada Brasil. Nos tempos natalinos, o espetáculo é apresentado pelas ruas e praças do interior do país.

* *O Sol nasce para todos* – Projeto de energia limpa e renovável, que engloba a construção de usinas solares para abastecer as lojas de varejo do Grupo Gazin.

* *O Rio tá pra peixe* – Anualmente, realizamos a soltura de milhares de peixes, sendo mais de 15 mil alevinos, que são peixes juvenis e recém-eclodidos dos ovos, e mais de 1,5 mil adultos e matrizes reprodutoras para o repovoamento dos rios da região; a iniciativa conta com a participação de colaboradores da Gazin e de crianças e integrantes da comunidade de Douradina (PR).

* *Parceria Green Farm CO2 Free* – Projeto que busca preservar o meio ambiente e amenizar as consequências das transformações da natureza efetuadas pelo homem, por meio da redução e eliminação da produção de CO_2.

* *Alfredo Gazin Orquestra* – Projeto batizado em homenagem ao meu pai e que oferta aulas gratuitas de canto, coral e instrumen-

tos clássicos para as crianças e adolescentes das escolas públicas de Douradina. Afinal: *uma criança que se deixa emocionar pela arte é capaz de enxergar o mundo com outros olhos.*

* *Move-mente Kids: atividades divertidas para as crianças* – Tem como objetivo desenvolver crianças e adolescentes de maneira global, por meio de atividades lúdicas, jogos, esportes e brincadeiras, de forma totalmente gratuita, para a comunidade de Douradina. Estimula ainda a capacidade motora, o aprimoramento do desenvolvimento psicossocial, o crescimento e a manutenção do peso corporal.

* *Move-mente Mulher: saúde e bem-estar para mulheres* – Projeto voltado para mulheres da comunidade de Douradina, com o objetivo de desenvolver atividades físicas funcionais, promovendo aumento da motivação e autoestima feminina, novas amizades e melhoria do convívio social.

* *Codifica Jovem – Capacitação de jovens para o futuro digital* – Projeto para formação de adolescentes e jovens da comunidade de Douradina, na área de Tecnologia. São aulas ministradas por professores de uma Universidade local, divididas por módulos: pacote office, robótica, lógica de programação, realidade virtual e aumentada, e inteligência artificial.

* *Hospital de Amor* – Com mais de 60 anos de história, o Hospital de Amor acolhe pacientes de todo o Brasil e é referência na América Latina em atendimento oncológico humanizado. Esse trabalho tão lindo, competente e sensível conta com o apoio do Instituto Mário Gazin.

* *AMA-RO* – A Associação de Pais e Amigos do Autista de Rondônia é mais uma importante instituição que conta com a parceria do Instituto Mário Gazin. Os trabalhos são desenvolvidos em prol da inclusão e da qualidade de vida do autista e de seus familiares.

* *Banda Escola Instituto Mário Gazin* – Este é um dos nossos projetos mais recentes e que visa educar e desenvolver crianças e jovens por meio da música.

Mesmo que o objetivo no nosso instituto já esteja clarificado, deixo aqui a missão para a qual ele foi criado e que está inserida no nosso site:

Construir um amanhã melhor para todos através de projetos sociais, culturais, ambientais, educacionais e esportivos. As ações visam cuidar das pessoas e do planeta hoje para existir um mundo de oportunidades e cheio de recursos para todos no futuro.

A criação de parcerias fortalece o nosso propósito de levar conhecimento, ensino, entretenimento, saúde e lazer à população brasileira!

Quem quiser conhecer melhor a proposta do Instituto Mário Gazin e os nossos projetos inspiradores, arregaçar as mangas, apoiar e trabalhar conosco, pode acessar a nossa página na internet: https://institutomariogazin.com.br

MENSAGEM FINAL

Caros filhos amados...

Inicialmente, quero registrar minha solidariedade e carinho ao adorável povo do Rio Grande do Sul, estado onde sempre fomos muito bem acolhidos, temos indústria de colchões, vários clientes e amigos, em função das enchentes e do estado de calamidade provocado pelas fortes chuvas.

É admirável acompanhar a força, garra e resiliência da população gaúcha na retomada do Rio Grande do Sul, assim como a mobilização dos brasileiros em geral na busca por ajudar em todos os sentidos e tentar amenizar os significativos impactos. Uma mobilização que também envolveu a nós, da Gazin, nossos fornecedores e parceiros comerciais, e tanta gente do bem!

É importante registrar que os valores da vida continuam iguais. Os valores de ontem são os mesmos de hoje e continuarão a existir no amanhã! Ou será que mentir, roubar, enganar serão de alguma forma aceitos algum dia?

As mudanças acontecem numa velocidade absurda. Os ciclos de transformações são cada vez mais reduzidos. Mas há conceitos que perduram fortemente e o tempo não muda, não envelhece, não deteriora e só os fortalece, que são a ÉTICA e o RESPEITO!

A palavra de Deus é uma só! E quem a segue certamente pratica os valores determinados por Ele.

Nas páginas anteriores, deixei bem claro como aprecio aprender. Um dos meios acessíveis são os livros. Sou um leitor voraz, do tipo que lê com a caneta na mão, sinalizando aquilo que me impacta, para incorporar e aplicar na minha vida e compartilhar com as pessoas.

Se você não tem o hábito da leitura, sugiro que invista nisso. Eu e o meu pessoal da Gazin lemos bastante e trocamos indicações de bons livros.

Esteja sempre atento para buscar as melhores oportunidades de aprendizado. Quando vou a um evento ou palestra, gosto de chegar cedo e de me sentar nas primeiras fileiras, de estar bem próximo ao palco do evento. Estou lá para aprender e prestar atenção, e não para perder tempo.

Quem está na frente absorve mais, fica mais perto do conteúdo; já quem está atrás se perde em conversas, se distrai com o celular e não aprende tanto. É sempre importante estar próximo de quem ensina.

Na minha avaliação, mesmo com os estudos e mudanças curriculares, ainda acredito que falte explorar com mais profundidade os temas sobre empreendedorismo, inseridos na disciplina de educação financeira, que se tornou obrigatória nas escolas de base. Seria como plantar uma semente em solo fértil e que dará bons frutos.

São temas que, conforme regimento escolar e apoio da BNCC (Base Nacional Comum Curricular), além de estarem previstos no atual Plano Nacional de Educação (PNE), tornaram-se transversais e integradores, e são trabalhados no Ensino Fundamental – anos finais ou Fundamental II (do 6º ao 9º ano) –, sendo que no Ensino Médio a Educação Financeira pode ser oferecida como disciplina eletiva. Os temas de empreendedorismo já estão inseridos na disciplina de Educação Financeira.

Esse é um passo importante que já foi dado e precisa ser muito bem trabalhado.

Entendo ainda que a escola no final do Ensino Fundamental II precisa começar a provocar a mente dos jovens sobre o que eles planejam no futuro. Assim, ao ingressar no Ensino Médio, o estudante já leva essa "pulga atrás da orelha" e um olhar mais atento às carreiras e profissões que se apresentam.

Escola no Brasil precisa ensinar e incentivar o jovem a ser empreendedor. Eu já visitei muitas escolas e me lembro de que em apenas uma delas a professora fazia os alunos empreenderem na prática: a educadora pedia que levassem todo dia algo para ser vendido para os professores, funcionários ou colegas.

Mas esta não é uma responsabilidade apenas da escola. Desde cedo, devemos educar nossos filhos para que saibam se autogerenciar. Um dos primeiros fatores é dar o exemplo e não deixar a "torneira aberta".

Vender é uma arte! Quando eu era menino, vendia manga e laranja na rodoviária do município. E assim aprendi a vender e a administrar o meu negócio e o dinheiro. Afinal, com o lucro das vendas eu comprava mais frutas e ampliava o pequeno comércio.

As crianças podem estudar, se graduar e seguir a carreira médica, de engenharia, na área do esporte, em gastronomia, economia, ser estilista, dentista e tantas outras, mas certamente aquelas sementes plantadas lá atrás, de empreendedorismo e educação financeira, as deixarão mais preparadas para empreender e lidar com o dinheiro.

Você certamente já leu e ouviu a frase: "Dinheiro não aceita desaforo!".

Muitos me perguntam: "Qual é o jeito certo de empreender?". E a resposta é bem inconclusiva: "Não há regras!". Existem, sim, modelos fiscais e contábeis necessários para que a empresa esteja legalizada e controlada, mas cada segmento exige certa postura, metodologia e atuação do empreendedor.

As empresas se diferem, e cada qual tem um modo de funcionar, assim como os modelos de gestão de um educador, varejista, industrial, prestador de serviços, profissional da área financeira.

É preciso ter foco no negócio, entrar de corpo e alma. Você renuncia a muitas coisas da sua vida, e a família deve entender isso e seguir junto; caso contrário, não dá certo. O amor e o carinho da família são decisivos. E, em determinadas situações, é importante lembrar a ela que você é o esteio da casa.

Muitas vezes, há na família a veia empreendedora, mas falta experiência. Certa vez, um amigo me contou que o filho lhe pediu US$ 40 mil para montar uma loja. Por um lado, ele disse que gostou da iniciativa do rapaz, mas ficou preocupado com a falta de preparação, pois, quando perguntou: "Quero ver então o seu projeto financeiro. Sem isso, eu não posso dar o dinheiro", o jovem começou a gaguejar. Ou seja, faria um "voo sem asa", no escuro.

Para ser dono de um negócio, é preciso ensinar e qualificar o seu funcionário, seu colaborador, e cada um repassar o que aprendeu adiante. E também estar convicto de que: o melhor professor é o seu cliente.

Conheci pessoas muito calmas, tranquilas, que tocavam com sucesso seus negócios. Mas aqui faço uma confissão: eu nunca vi preguiçoso tocar uma empresa e dar certo.

É preciso ter foco no negócio, entrar de corpo e alma. Você renuncia a muitas coisas da sua vida, e a família deve entender isso e seguir junto.

Gosto muito de contar a história seguinte, que mostra como o desconforto provoca transformações positivas:

Um rapaz passou num vilarejo e viu uma casa muito humilde, onde vivia uma família. Ele então perguntou a um deles: "Do que vocês vivem?". E o homem respondeu, apontando na direção do animal: "Do leite daquela vaca". Ele ficou ali mais um tempo e fingiu ir embora, mas retornou e tocou a vaca dali. Ou seja, eliminou o único meio de sustento daquela família. Dois anos depois ele retornou ao mesmo local e viu tudo mudado, reformado, um carro mais novo na entrada da casa, todos vivendo com mais fartura. O rapaz então perguntou ao mesmo homem: "Mas o que provocou tantas boas mudanças por aqui?". E a resposta foi: "Sabe... aquela vaca sumiu e então tivemos que trabalhar em outras atividades, cada um passou a fazer alguma coisa e, assim, conseguimos prosperar!".

Então, a acomodação é o pior estado para o ser humano! Nos acostumamos com tudo na vida, com o bom e o ruim. E, na insegurança de buscar melhorias, muitos preferem viver na escassez.

Talvez então esta seja a regra: a preguiça e a acomodação não servem para nada, muito menos se encaixam na vida de quem quer empreender.

Se eu pudesse fazer um pedido para Deus, diria: "Peço que o Senhor me dê mais 10 anos de vida". Isso seria maravilhoso. Hoje em dia está muito fácil de se ganhar dinheiro. Há estradas, produtos, crédito, vivemos num país com mais de 210 milhões de pessoas onde todos precisam de tudo.

Saímos de um mundo de escassez para o da abundância. Um estudo realizado pela empresa de consultoria e auditoria PwC mostrou que, nos próximos 30 anos, em torno de US$ 30 trilhões vão transitar das mãos de uma geração e seguir para a próxima. Isso significa que teremos novos negócios, novas carreiras e oportunidades... e uma enorme movimentação financeira e social.

Não se deve comparar épocas, mas realmente eu e meus irmãos pegamos um período duro e mesmo assim conseguimos vencer e constituir uma respeitável empresa com a ajuda e participação dos meus filhos amados.

Levamos em torno de seis décadas para isso. Hoje, com internet, inovação, inteligência artificial e tantos outros recursos, se um guri de 14 anos tiver a minha garra e a de muitos outros que se dedicaram e venceram, e souber utilizar todos esses recursos maravilhosos em benefício próprio, em três anos já estará rico!

Chega desse papo furado de que o Brasil é o país do futuro. O Brasil é rico, é o país de hoje, de agora, do presente!!! Só não vive bem e prospera quem não quer trabalhar e produzir. Chega de olhar para trás, pelo retrovisor. Vamos olhar para a frente e nos valorizar!

O mundo nos valoriza. Veja alguns dados e a nossa importância na cadeia alimentar: o agronegócio representa 1/3 do PIB nacional, gera 1/3 dos empregos do país e é responsável por mais de 50% das nossas vendas ao exterior. Somos responsáveis por 40% da produção mundial de soja, 30% da produção e importação do milho, produzimos algodão em escala e 50% do açúcar mundial, 30% da produção mundial do café é brasileira, 80% da importação mundial de suco de laranja é feita do Brasil, 25% da carne bovina e 33% da carne de frango consumidas mundialmente são brasileiras, temos ainda o cultivo de celulose, fumo... e por aí vai!

Já me ofereceram para tirar cidadania de outra nacionalidade, mas não quero. Sou brasileiro com muito orgulho e com o meu passaporte entro em qualquer país do mundo.

O Brasil é um paraíso: tem beleza e recursos naturais, uma história limpa, sem guerra, um povo dócil e cativante.

Infelizmente, percebo que muitos jovens com certa retaguarda familiar não se empenham como deveriam. São talentos desperdiçados. Assemelham-se à jabuticaba, cuja colheita ocorre geralmente entre setembro e novembro, que fica grudada, agarradinha à árvore, e parece temer se desprender da segurança do tronco.

Aliás, quando estou mais apurado, incomodado com algo, bem na entrada de casa tem um pé de jabuticaba. E é lá que eu descarrego e deixo os meus problemas quando chego na minha residência.

E, pela manhã, quando saio para trabalhar, pego-os de volta, e parto em busca de solucioná-los. E, a cada problema resolvido, sempre sobra um lucrinho.

Por falar em problema, um dos que mais me incomoda, pois ainda não consegui resolver, já que é de ordem nacional, é saber que recebemos o currículo de um jovem de classe média ou alta, querendo se empregar na Gazin. Claro, o Grupo Gazin está de portas abertas para recebê-los, mas digo isso porque esse jovem, em vez de buscar uma colocação, deveria empreender e gerar oportunidades de emprego e trabalho.

Espero que cada vez mais os jovens se conscientizem da importância de empreender e de fazer parte do processo que torna a Economia Circular.

Uma pessoa forte é como uma árvore que fica exposta às extremas condições climáticas e se mantém firme e frutífera!

O medo é um ingrediente das trajetórias de sucesso e que desenvolve valor. No entanto, é importante utilizá-lo com moderação e planejar muito bem, para que aquele pouquinho de medo seja apenas um sinal para fazer as checagens necessárias e não se descuidar dos detalhes.

O mundo atual, tão tecnológico, está ficando medroso: medo de guerra, de fracasso, de frio, de calor, de perder muito, de ganhar pouco...

Realmente, o mundo não está tão manso quanto foi no passado. Por isso, quanto maiores os desafios, mas fortes e bem-preparados precisamos ser e estar para vencê-los.

Uma pessoa forte é como uma árvore que fica exposta às extremas condições climáticas e se mantém firme e frutífera! Há, porém, quem cometa um erro estratégico: cuidar muito mais dos troncos e das folhagens do que da raiz.

Se você cortar um tronco, nasce outro; se cortar a raiz, a árvore morre. Associe esse exemplo da árvore ao seu negócio e carreira, e saiba identificar o que é raiz, tronco e folhagens nesse processo.

Percebi isso, certo dia, quando estava com o Gabriel Buzinhani, meu assessor, e vimos uma plantação de eucaliptos, com algumas árvores caídas e tortas. Perguntei: "Gabriel, qual é o eucalipto mais forte?". A resposta dele foi: "Seu Mário, são os eucaliptos da beirada, mais próximos do vento, que ficam expostos às diversas condições climáticas".

Pois na empresa é assim também. Quem está na frente precisa suportar as maiores "pancadas" e pressões. Eu, particularmente, sempre assumi essa posição na Gazin e perante os acionistas.

Nós vivemos em um Brasil no qual há acessibilidade às conquistas. Realmente uma parte da população vive na miséria e precisa do apoio governamental, mas avalio que as pessoas basicamente estão distintas entre os ricos e a classe média alta e baixa.

Não entendo que o Brasil, ou mesmo o mundo, ainda esteja dividido em cinco classes sociais: A, B, C, D e E. Nossa realidade atual apresenta a seguinte composição, com as classes A, B e E.

Questiono ainda os índices de desemprego apresentados no país e que, na minha avaliação, estão muito abaixo dos números divulgados. A explicação é simples: está difícil de achar pessoas para se contratar. Não há nada de exagero nisso!

Então, esteja sempre inspirado, motivado e focado em realizar a sua atividade com excelência e dedicando-se ao máximo.

Entenda e aceite também que Deus lhe deu uma missão. E se Deus nos dá uma oportunidade de empreender, temos que honrar esse presente Divino.

Quando eu estava com 64 anos e fiz a minha sucessão na empresa, já havia construído financeiramente o necessário para viver bem e com tranquilidade com a minha família.

No entanto, não podemos ser egoístas e pensar apenas em nós. Havia milhares de pessoas que dependiam direta e indiretamente da Gazin, a obra criada por mim e pelos meus irmãos, e que compactuam com os mesmos pensamentos.

Tínhamos força, garra, saúde e grandes sonhos para serem realizados por nós e pelas nossas famílias legítimas, e pelos nossos funcionários e filhos amados e suas famílias.

Ali eu me lembrei de uma pessoa muito especial na minha vida, um padre de origem francesa, chamado João Daniel, que me deu ricos e importantes conselhos em alguns momentos difíceis que vivi, representando para mim um mentor e segundo pai. Ele sempre dizia: "Mário, te admiro porque você tem inúmeros afazeres e ainda consegue arrumar tempo para realizar outras tarefas".

Certo dia, ele me disse que iria embora de Douradina. Fiquei triste, chateado, e perguntei: "Padre, o senhor não gosta mais de mim e do povo da cidade?". A resposta dele eu guardei e apliquei em muitos momentos da minha vida, como no da sucessão da Gazin: "Mário, eu amo todos vocês. Mas já tenho certa idade e, se eu morrer aqui em Douradina, a igreja morre comigo. Então, pelo amor que tenho por vocês e por essa igreja, não posso criar essa dependência. Preciso provocar essa ruptura e deixá-los".

Entenda que há um momento na vida em que você não precisa de mais nada para ser feliz, mas essa felicidade se desperta e realiza na geração de empregos e riqueza, ao fazer a felicidade e permitir o bem-estar do próximo.

Encerro com a frase de Frank Tyger, cartunista norte-americano e dono de mensagens célebres: "Fazer o que você gosta é liberdade. Gostar do que você faz é felicidade".

Agradeço seu carinho e sua disponibilidade para conhecer um pouco mais da minha história e do Grupo Gazin.

Luz Divina e que cada vez mais você agregue valor à sua história e trajetória!

Mário Gazin

ALGUMAS DAS OBRAS DE ELIAS AWAD

Lançadas pela Novo Século Editora

- *A arte de inspirar pessoas e encantar clientes* – Biografia de Mário Gazin, fundador da Gazin Holding (2ª edição).
- *Viver e deixar viver* – Biografia de Samuel Klein, fundador da Casas Bahia (8ª edição).
- *Emilio Kallas* – Biografia do fundador do Grupo Kallas.
- *José Aroldo Gallassini, uma visão compartilhada* – Biografia do presidente da Coamo, principal cooperativa agrícola da América Latina (2ª edição).
- *14 motivos para viver, vencer e ser feliz* – Trajetória de Oscar Schmidt, maior ídolo do basquete brasileiro (2ª edição).
- *Cultura organizacional Gazin* – Livro sobre cultura organizacional das empresas e o *case* do Grupo Gazin.
- *Negócios & Música* – Biografia de Celso Ricardo de Moraes, presidente do Conselho do Grupo CRM (Kopenhagen, Lindt Brasil e Chocolates Brasil Cacau).
- *Sucessão: decisiva e necessária* – *Case* de sucessão de empresa familiar do Grupo Gazin.
- *Ensina-me a ensinar / Ensina-me a aprender* – Box com dois livros sobre a trajetória de Affonso Brandão Hennel, fundador da SEMP Toshiba e da TCL SEMP– livro traduzido para o idioma chinês.
- *Sucesso em palavras* – 16 biografias de alguns dos principais empreendedores do Brasil, como Chieko Aoki, Viviane Senna, Sônia Hess, Alberto Saraiva, Washington Olivetto, João Carlos Martins, entre outros.

• *Mr. Fisk* – Biografia de Richard Hugh Fisk (Fundação Richard Hugh Fisk) – livro traduzido para o idioma inglês.

• *Nunca é tarde para realizar* – Biografia de Vicencio Paludo, fundador da Vipal Holding – livro traduzido para os idiomas inglês e espanhol.

• *Julio Simões* – Biografia do fundador da JSL Logística/SIMPAR – livro traduzido para o idioma inglês.

• *Armindo Dias* – Biografia do fundador do Grupo Arcel e da rede de hotéis Royal Palm Plaza.

• *João Uchôa* – Biografia do fundador da Universidade Estácio de Sá.

• *Sorte, peito e jeito* – Biografia de Sidney Tunda, fundador do Grupo Uniar, principal empresa de vendas de ar-condicionado da América Latina – Poloar e STR.

• *Fazer o que ama, amar o que faz* – Livro de textos e reflexões de Elias Awad.

• *Nas asas de um sonho* – Biografia de Roberto Vascon.

• *A indústria do sucesso* – Biografia de Domingos Rigoni, fundador da Movelar.

Contatos

eliasawad@eliasawad.com.br

palestras@eliasawad.com.br

Site

www.eliasawad.com.br

Programa Biografias

www.youtube.com/eliasawad

Edição: 1ª
Fonte: Minion Pro 13/20
Seriguela